KB243758

SHOW & TELL

쇼앤텔

댄 로암은 또

누구나 따라할 수 있는 프레젠테이션 노하우

SHOW & TELL

쇼앤텔

댄 로암 저   한수영 역

저자 댄 로암(Dan Roam)

전 세계적인 베스트셀러이자 유명한 비주얼 사고 관련 비즈니스 서적인 〈The Back of the Napkin〉의 저자. 〈패스트컴퍼니〉, 〈비즈니스위크〉, 〈더 타임즈〉에서는 〈The Back of the Napkin〉을 최고 창의력 및 혁신 도서로 선정하기도 했다. 그의 다른 저서로는 〈생각이 한눈에 정리되는 마법의 냅킨(Unfolding the Napkin)〉, 〈생각을 말하는 사람 생각을 그리는 사람(Blah Blah Blah)〉 등이 있다. 댄은 비주얼 사고를 이용하여 복잡한 문제를 해결하는 컨설팅 기업인 디지털 로암(Digital Roam Inc.)을 설립하여 사장을 역임하고 있다. 고객으로는 구글(Google), 보잉(Boeing), 이베이(eBay), 마이크로소프트(Microsoft), 월마트(Walmart), 웰스파고(Wells Fargo), 미 공군(U. S. Navy), 미 상원(U. S. Senate) 등이 있다. 현재 샌프란시스코에 거주하고 있다.

자세한 내용은 www.danroam.com, www.napkinacademy.com 사이트에서 확인할 수 있다.

트위터 @DAN_ROAM으로 댄 로암을 팔로우할 수도 있다.

역자 한수영

한국외국어대학교 영어대학 통번역학을 전공하였다. 현재 호주에서 번역대학원을 다니며, 번역에이전시 엔터스코리아에서 출판기획 및 전문번역가로 활동하고 있다. 다양한 분야의 번역 경험이 많으며, 특히 경제 경영분야에 관심이 많다. 주요 역서로는 〈팀장의 동기부여〉, 〈시크릿 실천법〉, 〈아이디어 하나로 시작된 디지털 기업〉, 〈성격을 읽는 기술〉, 〈애프터쇼크〉, 〈그들은 어떻게 창업에 성공했을까?〉, 〈꿈이 이끄는 삶〉, 〈타벨의 마술 교실 2, 4~8권〉, 〈브랜드 아틀라스〉, 〈사람을 이끄는 힘〉, 〈성공하는 리더의 경영 수첩〉, 〈애거서 크리스티: 완성된 초상〉, 〈트렌드 전쟁〉, 〈브랜드 상식〉, 〈사업계획서 잘 쓰는 법〉, 〈이것이 비즈니스다〉, 〈돈이란 무엇인가〉 등 다수가 있다.

1판 1쇄 인쇄 2014년 10월 25일
1판 1쇄 발행 2014년 11월 03일

저자 | 댄 로암 역자 | 한수영 출력 | 달리는 거북이 인쇄 | 도담프린팅 발행인 | 손호성 펴낸곳 | 아르고나인미디어그룹 일원화 | 북센
등록 | 제 312-2013-000016호 주소 | 서울시 마포구 동교동 169-7 402호 전화 | 070.7535.2958 팩스 | 0505.220.2958
e-mail | atmark@argo9.com Home page | www.facebook.com/bombomschool

ISBN 979-11-85423-23-4 13320

Thank
you!

마음을 사로잡는
프레젠테이션을
하는 방법:

진실을 말하라.

이야기로 진실을
전달하라.

이야기에 그림을
더하라.

목차

세 가지 유용한 도구

1. 진실 피라미드

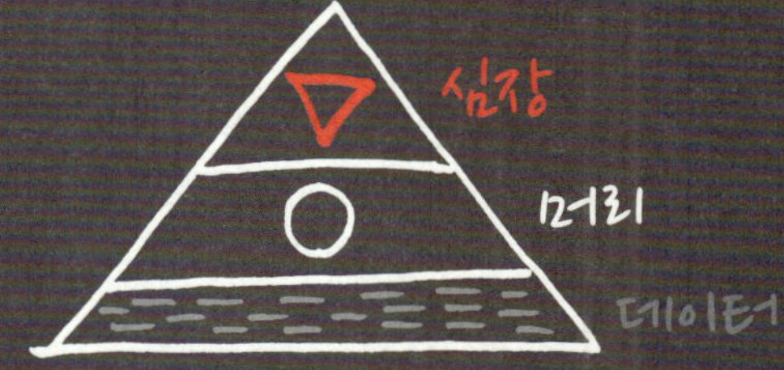

2. 이야기 아웃라인

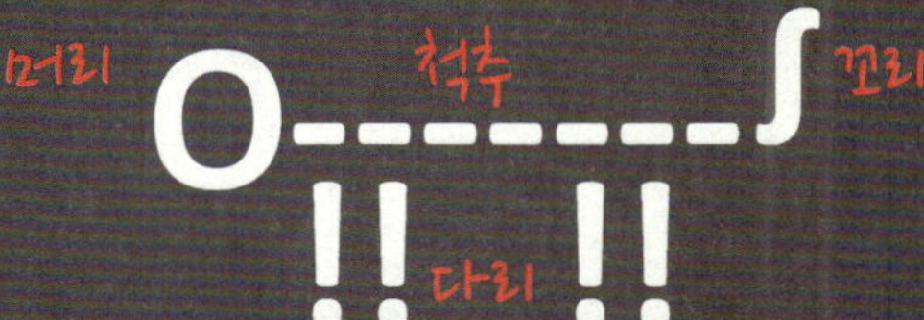

3. 그림 파이

단순한
생각

진실을 이야기하되 이야기를 통해 전달하고, 이야기에 그림을 더하라.
그럼 청중이 당신에게 귀를 기울일 것이다. 지금부터 **그 원리를 설명**하고자 한다.

SHOW & TELL

CHAPTER 1

세 가지 규칙

**프레젠테이션 발표자의 목표는 단순하다.
바로 자신이 보는 것을 남들도 보도록 돕는 것이다.**

이를 위해서
관객의 **흥미**를 유발하고
관객에게 **정보**를 제공하고
관객을 **설득**하고
관객에게 **동기**를 부여하고
결국에는 관객을 **변화**시켜야 한다.

다시 말해 발표자는 보고, 설명, 구매 권유, 이야기를 만들고 전달하여 고객이 자신과 같은 것을 보도록 유도한다. 말로는 참 간단하다.

쉬워야 하지만…

실제로는 그렇지 않다.

그래서 이런 궁금증이 생긴다.
프레젠테이션은 왜 이리 어려울까?

이는 우리가 **보여주며 말해야 한다**는 사실을 깜빡했기 때문이다.

보여주며 말하기의 세 가지 규칙

1. 진실을 이야기하면 **심장**이 따라온다.
2. 이야기로 전달하면 **이해**가 따라온다.
3. 눈으로 볼거리를 제공하면 **마음**이 따라온다.

1. 진실 → 심장

프레젠테이션에서 진실을 이야기하면 세 가지가 나타난다. 청중과 교감하고, 열정을 표출하고, 자신감을 얻을 수 있다.

2. 이야기 → 이해

프레젠테이션에서 이야기로 전달하면 세 가지가 나타난다. 복잡한 개념이 명확해지고, 잊지 못하도록 명확하게 아이디어를 표현하고, 모든 사람을 포용할 수 있다.

3. 눈 → 마음

프레젠테이션에서 그림을 통해 이야기하면 놀라운 일이 일어난다. 우리가 전하고자 하는 내용을 청중이 이해하고, 발표자가 청중의 마음을 사로잡고, 지루함이 모두 사라져 버린다.

CHAPTER 2
규칙 1 :
진실을 말하라

진실을 말하면 심장이 따라온다.

이제까지 들은 연설 중 단연 최고다.
헛소리가 아닌 진실이었기 때문이다.

— 스티븐 킹(Stephen King)

진실을 말할 때에는 모든 것을 외울 필요가 없다.

— 마크 트웨인(Mark Twain)

마음을 사로잡는 프레젠테이션이란 무엇일까?

사람을 변화시키는 프레젠테이션이다.

그럼 무엇이 사람을 변화시키는가?

바로 진실이다.

진실을 말하는 것만큼 빨리 청중의 신뢰를 얻는 방법은 없다.

헛소리를 지껄이는 것만큼 빨리 청중을 잃는 방법은 없다.

이 세상에는 다양한 종류의 진실이 있다.

우리의 **머리**가
"이것이 진실이라고 생각해" 라고 말한다
(이지적 진실)

우리의 **심장**이
"이것이 진실이라고 믿어" 라고 말한다
(감정적 진실)

데이터가
"사실을 보니 이것이 진실이다" 라고 말한다
(사실적 진실)

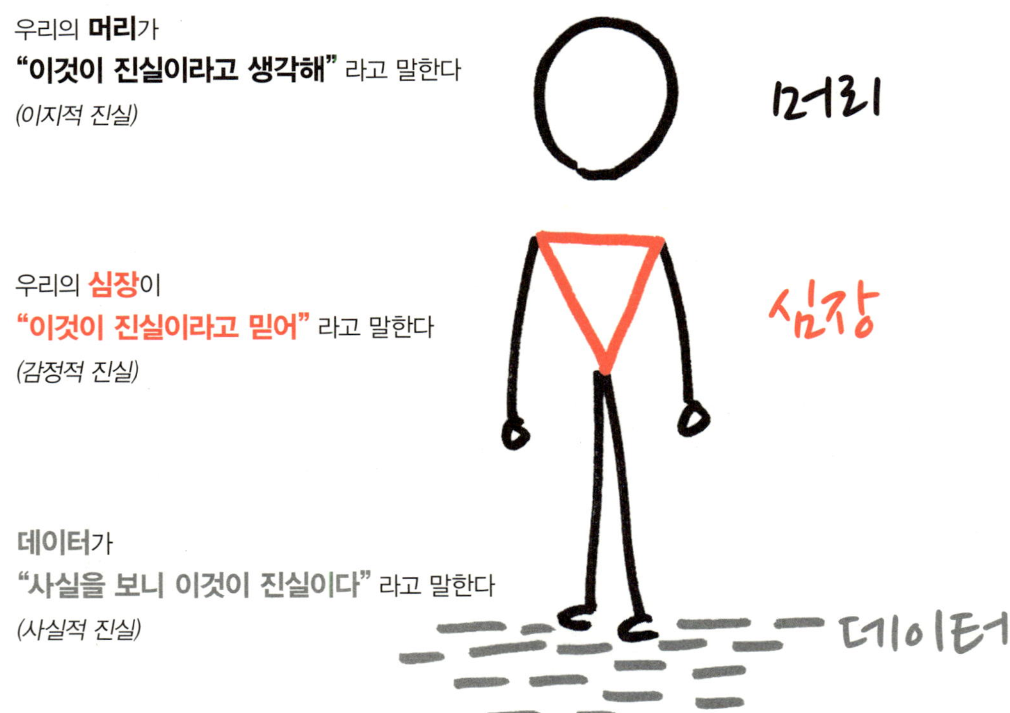

이 세 가지 진실은 항상 우리 안에 있다.

"컵에 물이 반이 있다."

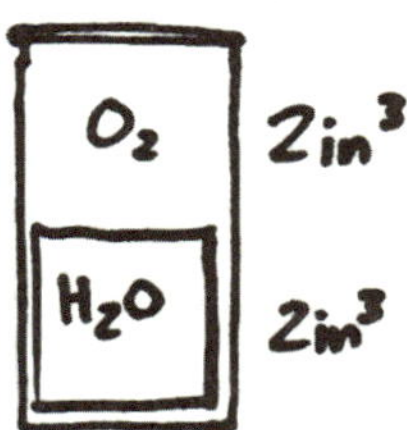

데이터는 말한다.
O_2의 부피 = $2in^3$
H_2O의 부피 = $2in^3$

머리는 알고 있다.
"컵에 물이 반이나 있다" 는
희망을 의미하고,
"컵에 물이 반밖에 없다" 는
절망을 의미한다.

심장은 믿는다.
컵에 물이 반이나 있다!

이 중 어떤 내용이 옳을까?
모두 옳다.

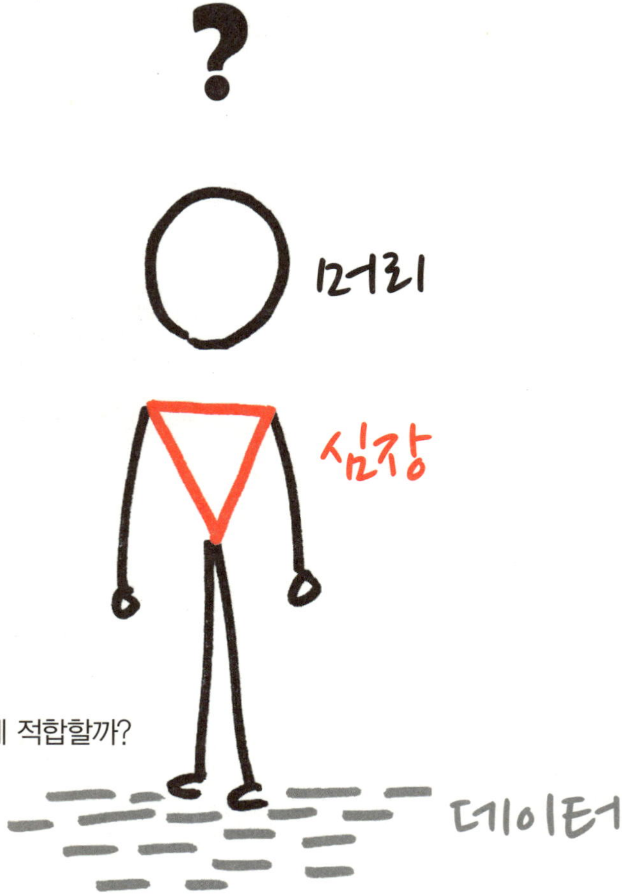

어떤 내용이 더 좋은 프레젠테이션에 적합할까?
그건 상황에 따라 다르다.

모든 진실이 대등하지는 않다.

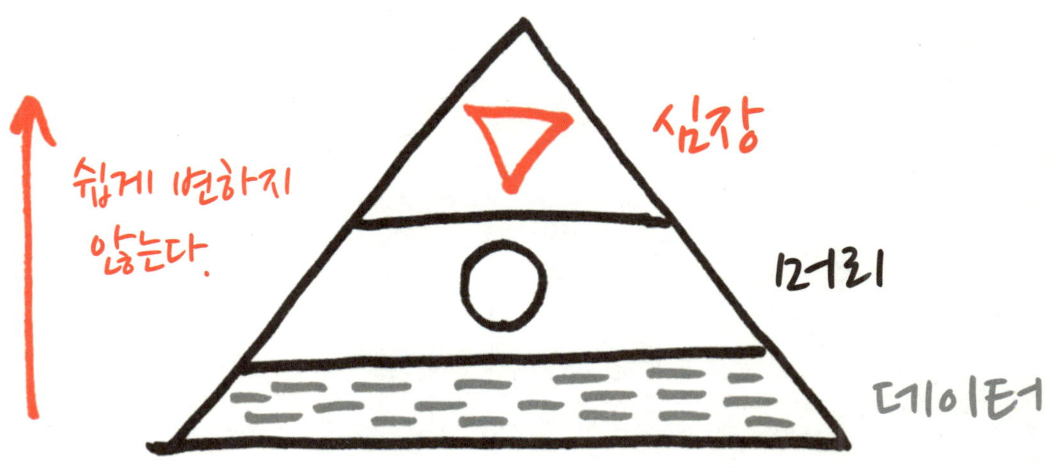

우리가 **믿는** 진실이 우리가 아는 **진실**을 이긴다.
그리고 이 둘은 '있는 그대로의 사실'을 이긴다.

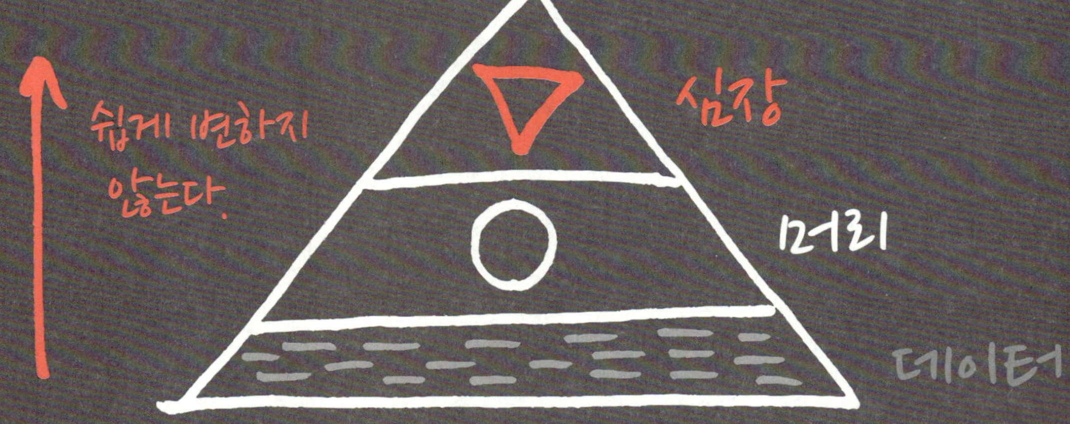

좋은 프레젠테이션은 새로운 데이터를 공유한다.

훌륭한 프레젠테이션은 우리가 아는 내용을 바꾼다.

마음을 사로잡는 프레젠테이션은 우리가 믿는 내용을 바꾼다.

프레젠테이션 발표자로서 스스로에게
가장 먼저 물어야 하는 질문이 있다.

이 주제, 청중, 나 자신을 고려할 때
어떤 진실을 이야기해야 할 것인가?

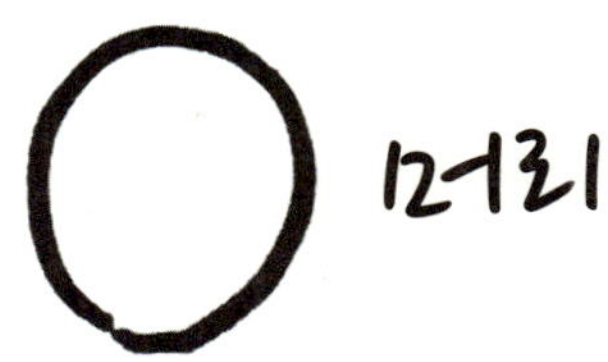

아주 단순하게 이 질문에 답할 수 있다.

"양동이 법칙"

모든 프레젠테이션은
세 가지 요소로 구성되어 있다.

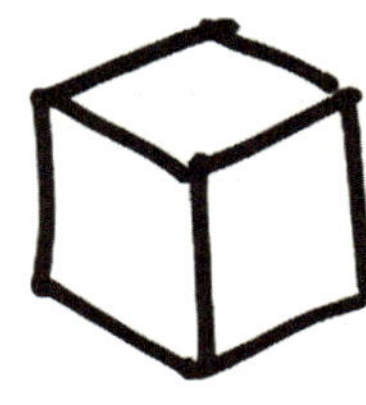

우리 아이디어

우리가 공유하고자 하는
아이디어, 개념, 교훈, 도구,
규칙이다.

우리

무언가 공유하려고 하는 사람,
바로 발표자 자신이다.

청중

우리의 아이디어를
공유해 주고자 하는 사람들,
바로 청중이다.

양동이 세 개가 있다.
우리가 할 일은 양동이 세 개를 나란히 놓는 것이다.

다음으로는 양동이에 진실을 채워 넣는다.

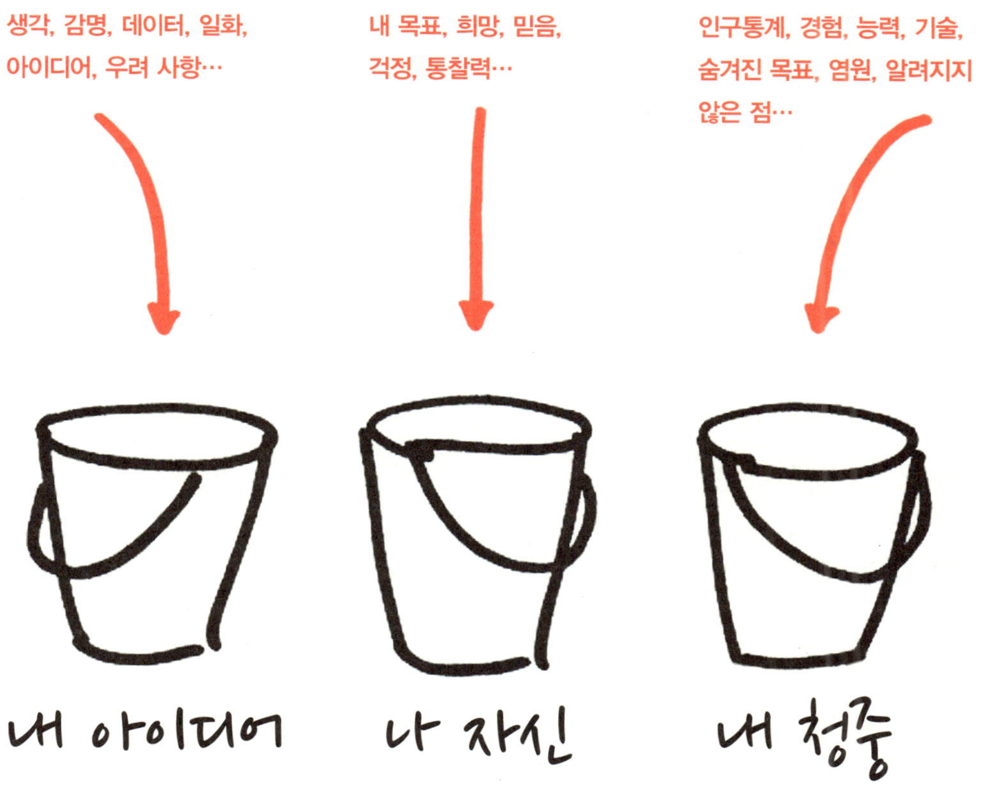

양동이 **1** = 내 아이디어

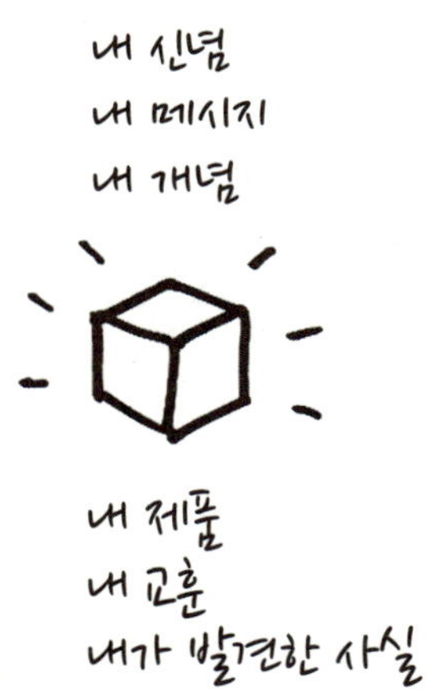

내가 원하는 바를 그대로 말할 수 있는
자유를 얻게 된다면
무엇을 말할 것인가?

양동이 **2** = 나 자신

이 아이디어를 공유할 때 나는 어떤 사람인가?
또는 어떤 사람이 되고 싶은가?
이 아이디어를 공유하게 되어 행복한가, 슬픈가?
확신에 차 있는가, 그렇지 않은가? 긍정적인가,
부정적인가?
청중이 나를 어떻게 기억하길 바라는가?

양동이 3 = 내 청중

그들은 누구인가?

내 아이디어에 반대하는 사람은 누구인가?
무엇이 그들을 그렇게 만드는가? 그들은 무엇을 원하는가?
**프레젠테이션으로 청중을 변화시킬 수 있다면, 어떤 방향으로
변화시키고 싶은가?**

청중에 대해 생각할 때 명심해야 할 몇 가지 진실이 있다.

1. 누구도 남이 자신에게 시키는 걸 좋아하지 않으며 남들이 자신의 아이디어를 믿어주길 바란다. 그들의 아이디어를 생각할 수 있도록 도와라. 아니면 그들이 그렇게 생각하길 원한다는 사실을 인정하라.

2. "청중이 핵심이다." 멋지기는 하지만 반만 맞는 말이다. 물론 청중이 개인적으로 관심을 받는다고 느끼게 하고 싶다. 하지만 발표자는 이보다 청중이 변화될 수 있도록 돕길 바란다.

3. 어떤 방식으로든 청중을 변화시키지 못한다면 프레젠테이션을 왜 하는가? 프레젠테이션의 목표는 청중의 변화라는 것을 명심하고 반복하라.

예를 들어 새로 개발한 소셜 미디어 앱을 벤처투자자에게 소개하여 투자를 유치하려고 한다고 가정해 보자. 이때 양동이를 다음과 같이 준비해야 한다.

간단한 생각만으로 프레젠테이션의 윤곽이 잡힌다.

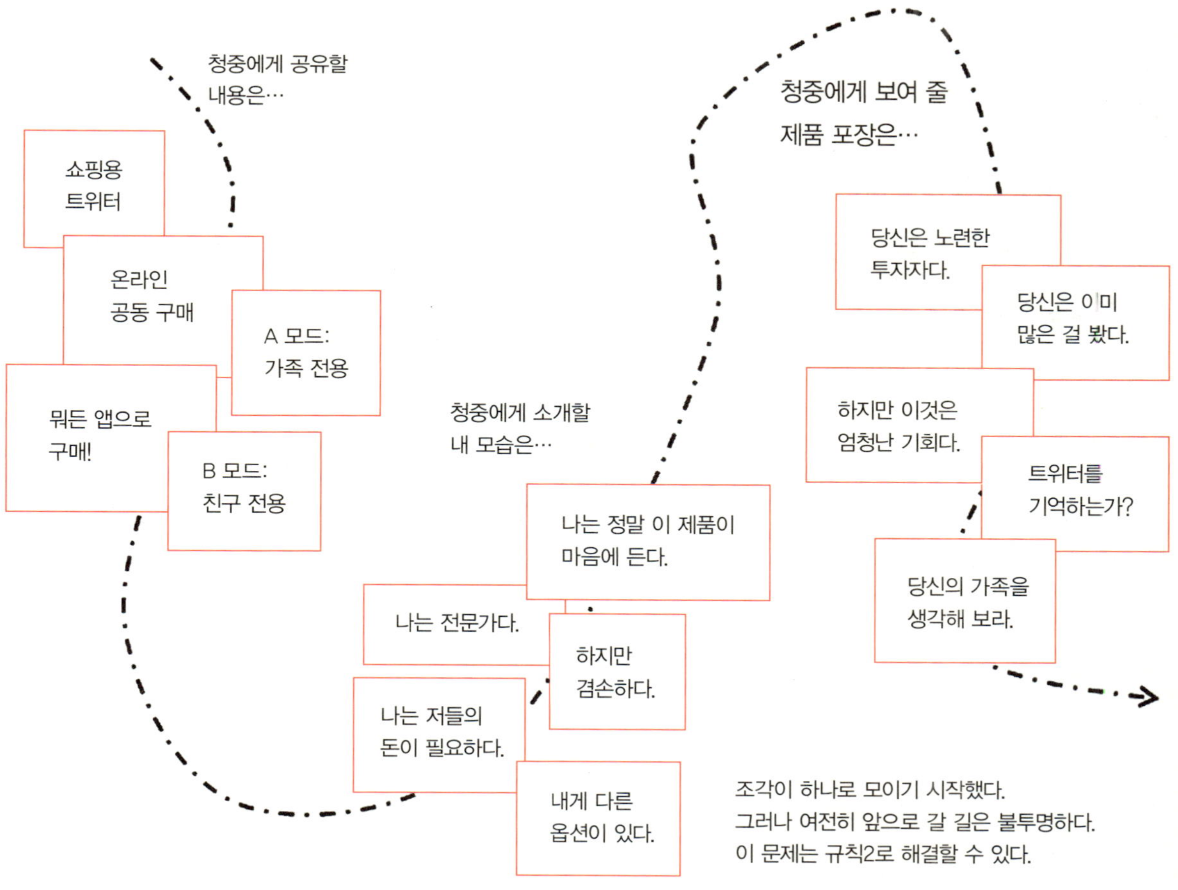

조각이 하나로 모이기 시작했다.
그러나 여전히 앞으로 갈 길은 불투명하다.
이 문제는 규칙2로 해결할 수 있다.

요약하면 **양동이에 진실을 채우면** 다음과 같은 측면에서 우리에게 도움이 된다.

여러 조각의 아이디어를 하나로 합칠 수 있다.
스스로 자신감을 얻을 수 있다.
청중에 대해 더 잘 알 수 있다.

이제 우리의 이야기를 만들 시간이다.

CHAPTER 3

규칙 2 : 이야기로 진실을 전달하라

이야기로 전달하면 이해가 따라온다.

속임수를 성공시키거나 놀라운 소식이나 핵심 사실을 전달해야 했다. 어떻게든 시작해서 이야기가 스스로 모든 것을 이끌어가게 했다.

― 리 차일드(Lee Child)

바퀴를 사용하지 않는 위대한 사회는 존재하지만 이야기를 하지 않는 사회란 없다.

― 우슬라 K 르귄(Ursula K. Le Guin)

다양한 종류의 프레젠테이션이 있다.

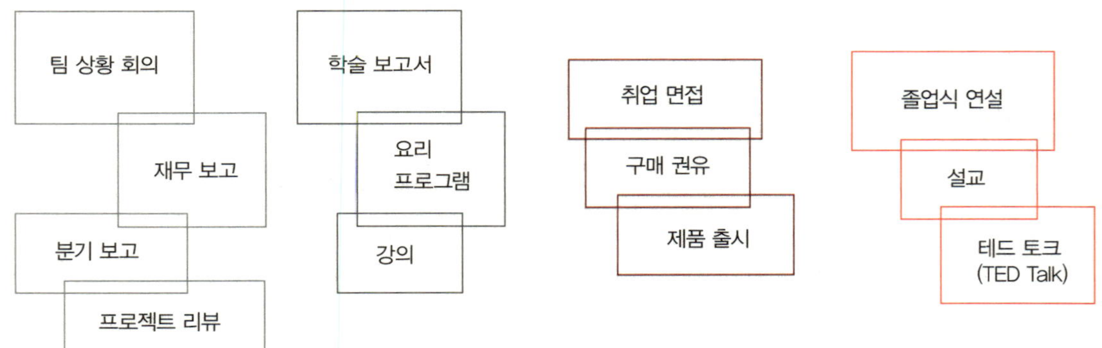

ESPN 스포츠 중계, **레이첼 레이**(Rachel Ray)의 요리 프로그램, **애플**(Apple)의 제품 발표, **테드 토크**(TED Talk)는 제각각 다르지만 모두 성공적인 프레젠테이션이다.

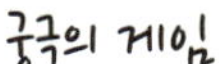

어떻게 이런 일이 발생할까?

성공적인 프레젠테이션은 명확한 스토리라인을 토대로 한다.

좋은 프레젠테이션에는 항상 명확한 스토리라인이 있다.

무한대로 뻗어 있지 않다.

얽히고설키어 있지 않다.

무작위로 흩뿌려져 있지 않다.

스토리라인은 모든 프레젠테이션의 척추와 같다. 그 이유는?

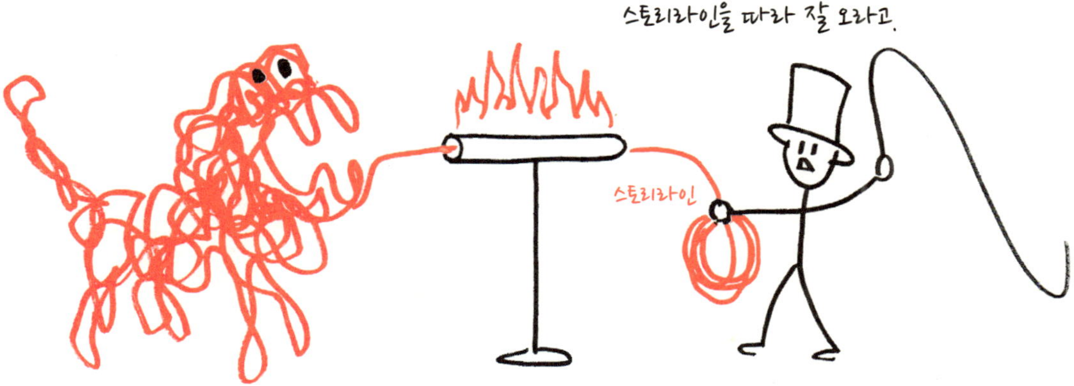

명확한 스토리라인은 혼동을 방지하는 최고의 방어책이다.
명확한 스토리라인은 복잡한 이야기를 길들인다.

모든 프레젠테이션은 **네 가지 스토리라인**으로 구성된다.

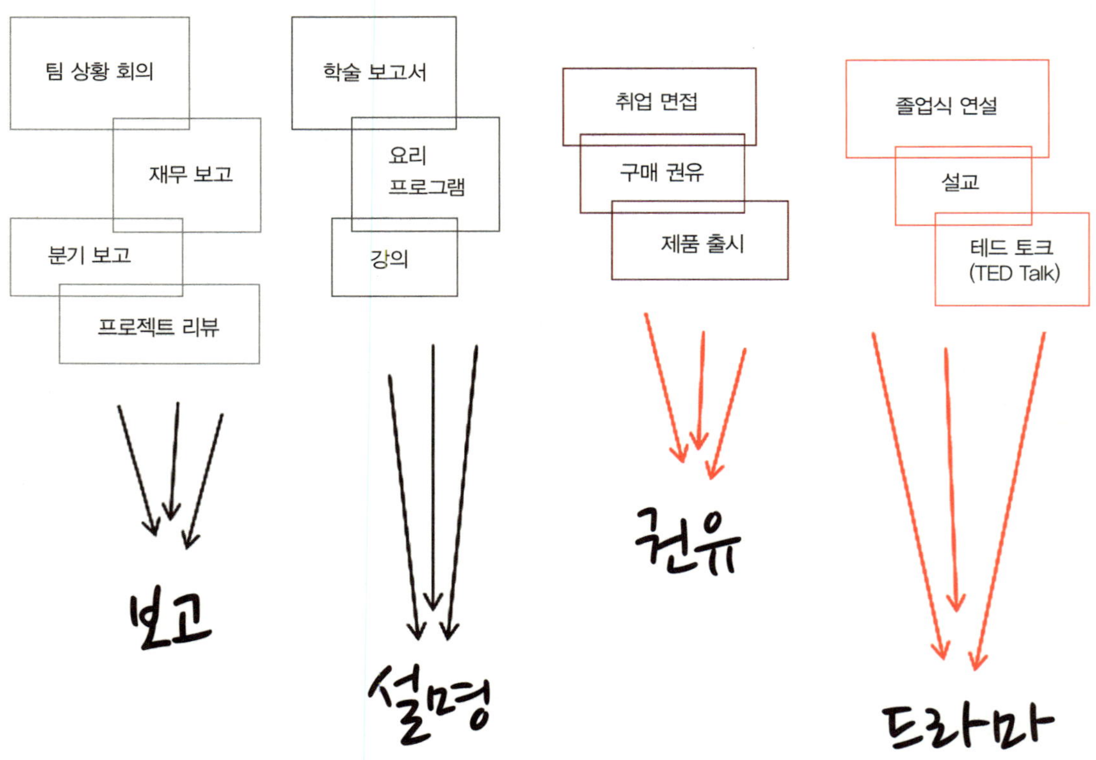

네 가지 스토리라인은 다음과 같은 모양이다.

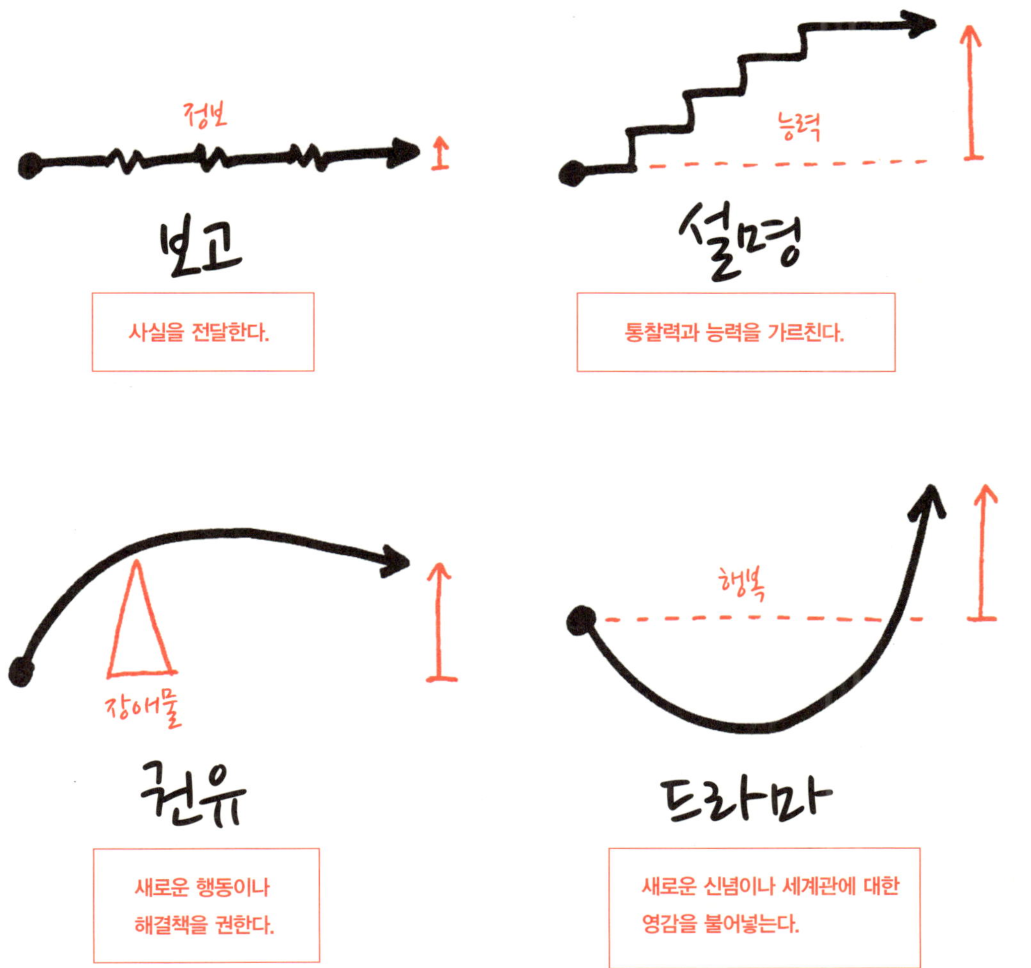

각각에 대해 세부적으로 살펴보기 전에 핵심적인 내용을 먼저 살펴보고자 한다.

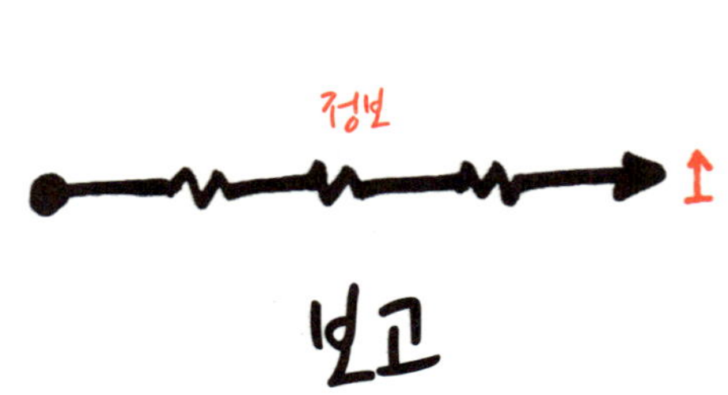

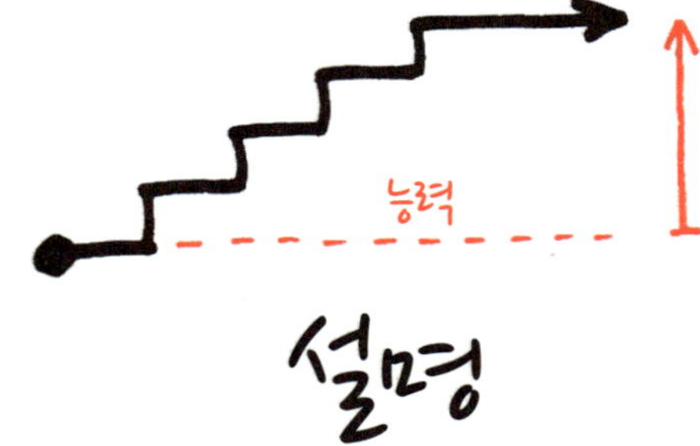

보고는 데이터에
생명을 불어넣는다.

보고를 통해 우리는 청중이 아는
정보를 바꾼다.
좋은 보고는 사실을 전달한다.
훌륭한 보고는 통찰력을 돕는 사실을 전달하고
기억에 오래 남는다.

설명은 방법을
보여준다.

설명을 통해 우리는 청중이 지닌
지식이나 **능력**을 바꾼다.
좋은 설명은 청중을 새로운 단계로 이끈다.
훌륭한 설명은 청중이 어렵지 않게 새로운
단계로 도약할 수 있게 돕는다.

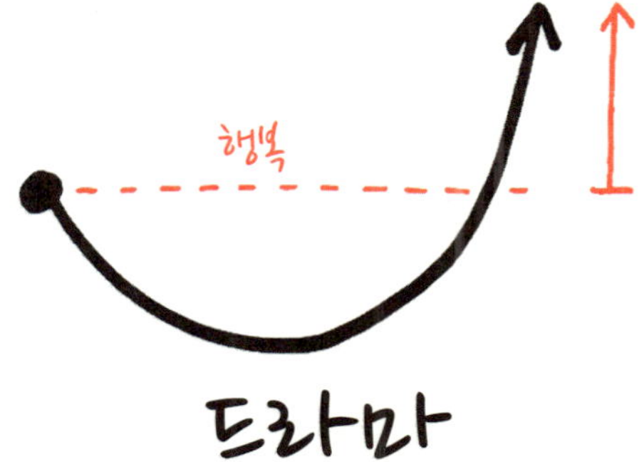

권유는 장애물을 넘을 수 있도록
도와준다.

권유를 통해 우리는 청중의 **행동**을 바꾼다.
좋은 권유는 청중에게 문제에 대한 해결책
을 제공한다. 훌륭한 권유는 청중이 해결책
을 받아들일 수밖에 없도록 만든다.

드라마는 우리의 마음을 울렸다
달래준다.

드라마를 통해 우리는 청중의 **신념**을 바꾼다.
좋은 드라마는 다른 사람의 아픔을 느끼게
한다. 훌륭한 드라마는 다른 사람의 아픔을
내 아픔처럼 느껴지게 한다.

각 스토리라인은 다르지만 두 가지 공통점이 있다.

1. **모두 시작과 끝이 있다.** 상당히 많은 프레젠테이션이 실패하는 이유 중 하나는 어디로도 가지 않기 때문이다. **좋은 프레젠테이션은 항상 어딘가로 향한다.**

2. **끝점이 항상 시작점보다 높다.** 프레젠테이션의 또 다른 실패 원인은 어떠한 변화도 시도하지 않기 때문이다. **좋은 프레젠테이션은 항상 위로 움직인다.**

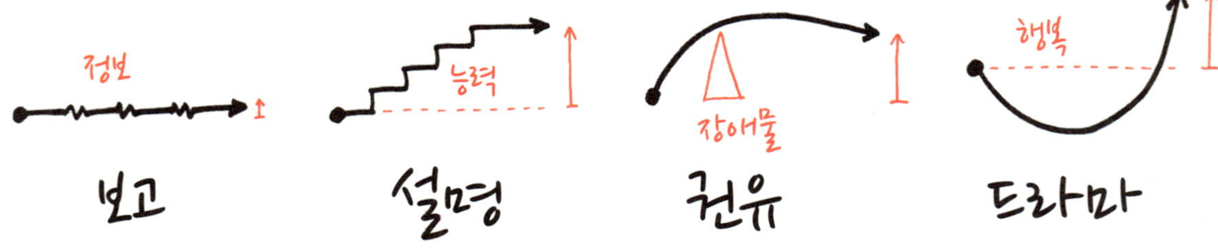

다시 말해 마음을 움직이는 프레젠테이션은 발표자가 청중을
얼마나 멀리, 얼마나 높이 데려갈지 아는 상태에서 시작된다.

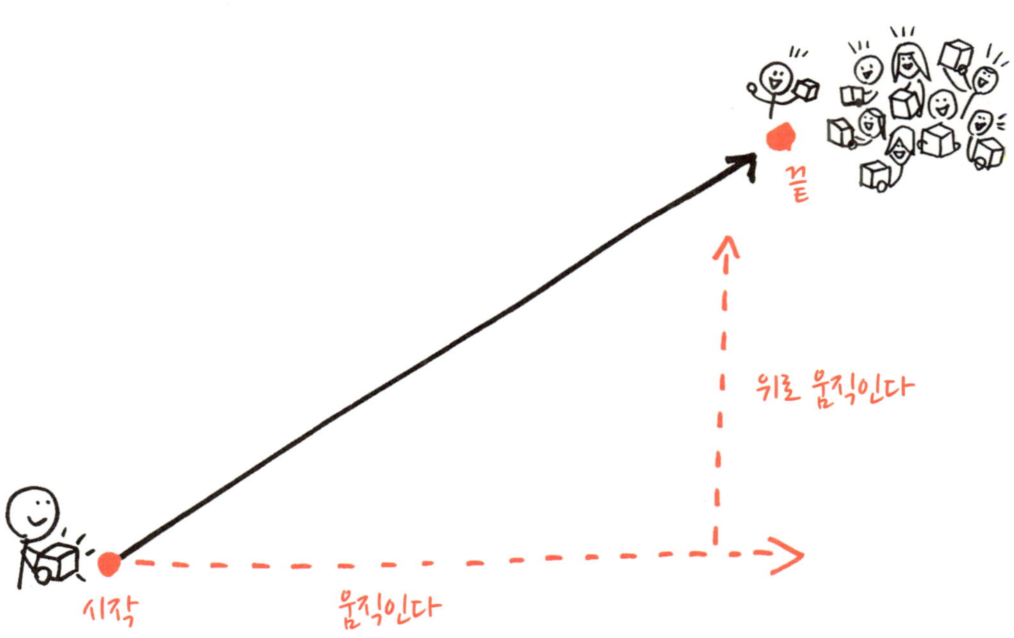

청중을 **움직이는** 방법은 네 가지뿐이다.

1. 청중의 **정보**를 바꾼다.

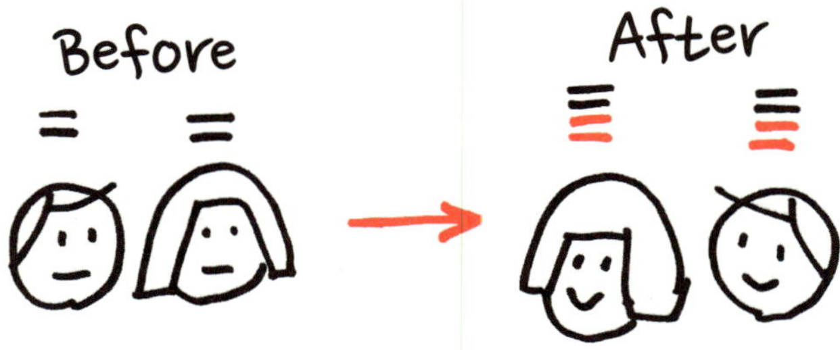

청중이 이미 아는 내용에
새로운 데이터를 더한다.

2. 청중이 지닌 **지식이나 능력**을 바꾼다.

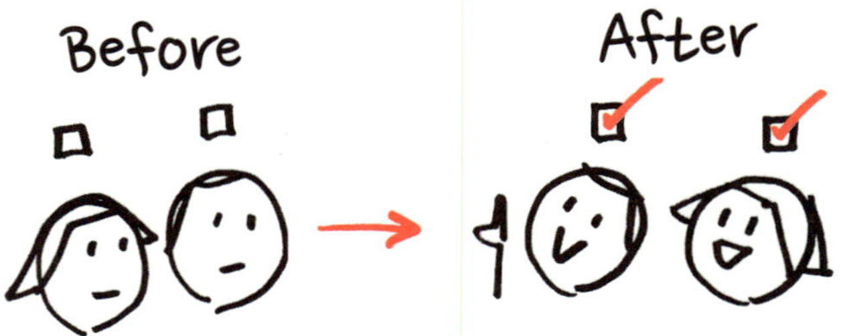

새로운 통찰력을 공유하고,
새로운 통찰력이 무언가를 할 때 얼
마나 유용한지 보여준다.

3. 청중이 하는 행동을 바꾼다.

청중이 새로운 무언가를 사용하거나,
테스트해 보거나, 구매하도록
설득한다.

4. 청중이 믿는 신념을 바꾼다.

자신이나 세상에 대한 새로운
사실을 이해할 수 있도록 영감을
불어넣는다.

다음 질문에 답하기만 하면 적절한 스토리라인을 선택할 수 있다.

"프레젠테이션을 마친 후,
청중이 시작할 때와 어떻게 **달라지길** 원하는가?"

질문의 답을 통해 어떤 스토리라인을 사용해야 하는지 알 수 있다.

다시 말해 청중이 경험하길 바라는 변화가
스토리라인 선택을 좌우한다.

모든 스토리라인에는 공통의 요소가 있다.

**스토리라인은 살아 숨 쉬는 생명체와 같아서 처음부터 끝까지
우리의 아이디어가 움직이게 한다.**

프레젠테이션이 앞으로 나아갈 수 있도록 지지하는 척추(− − − − −)와
세부정보와 색깔을 더해 주는 일화(| | | | |)가 포함되어 있다.

경영 컨설팅에서는 이를 '**수평적–수직적 스토리텔링**'이라고 부른다.

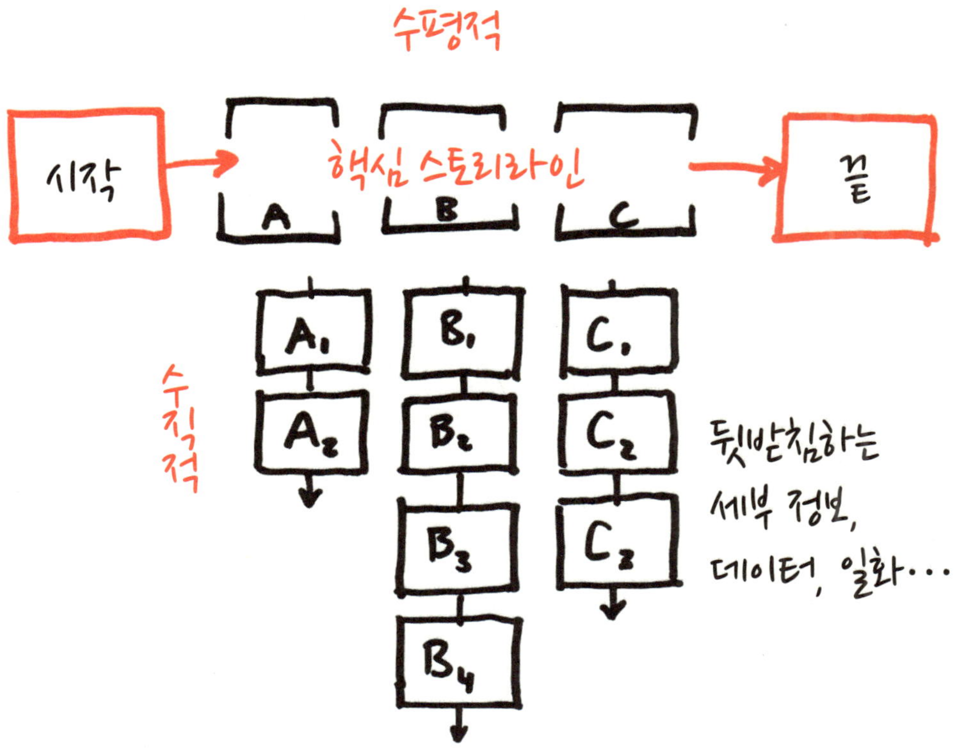

여기에 더 생생한 이름을 더하면 :

우리의 스토리라인은 PUMA다.

Presentation's Underlying Message Architecture
(프레젠테이션의 기저에 깔려 있는 메시지 구조)

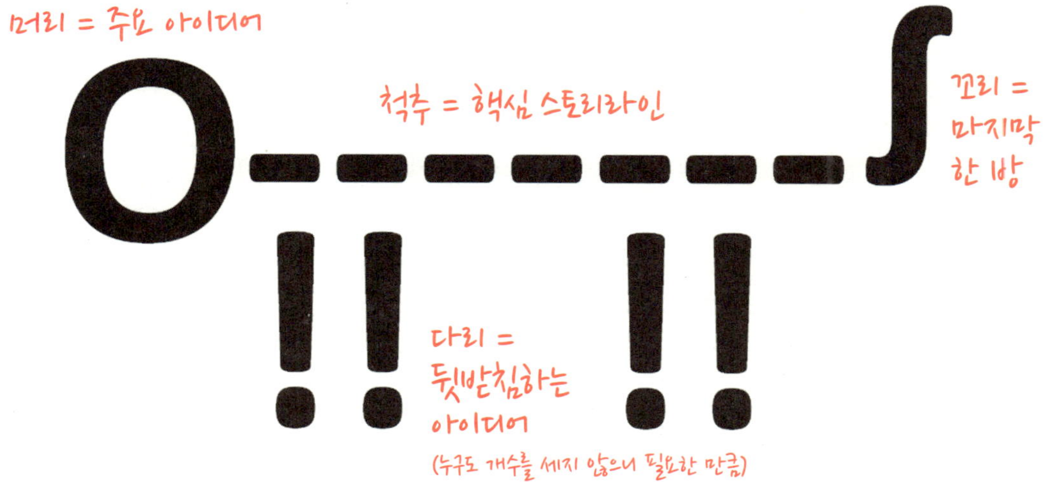

PUMA와 같이 생긴 스토리라인을 생각해 보라. 주요 아이디어로 시작하여 핵심 스토리라인으로 척추를 만들고 세부 정보를 뒷받침한다. 그리고 마지막 한 방을 준비한다.

PUMA를 이용하면 프레젠테이션을 잘 구성*할 수 있다.

1. 주요 아이디어의 요약에서 시작한다.

2. 스토리라인으로 척추를 구성한다.

*우리는 머리에서 꼬리 순서로 PUMA를 만들지만 반드시 그 순서로 전달하는 것은 아니다.
이에 대해서는 이번 섹션 후반부에서 살펴보기로 하자.

3. 우리는 뒷받침하는 내용을
다리로 추가한다.

4. 꼬리로 결론을 짓는다.

다음은 흔한 이야기의 **PUMA** 스토리라인의 예다.

소년이 소녀를 만난다

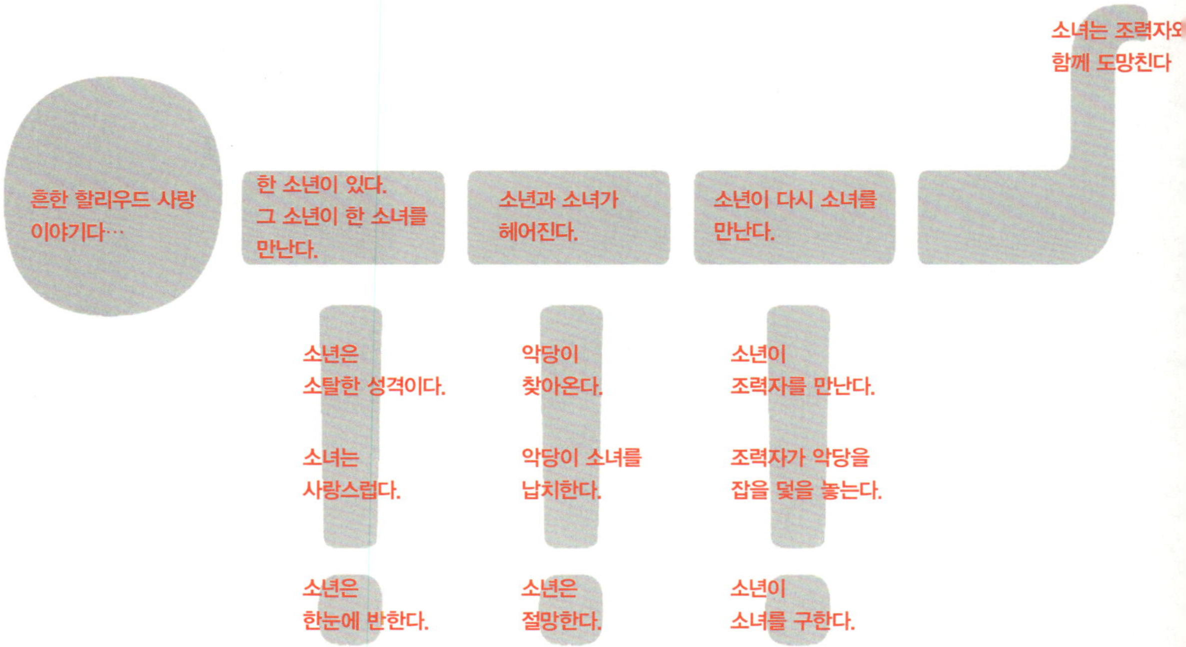

흔한 할리우드 사랑 이야기다…

한 소년이 있다.
그 소년이 한 소녀를 만난다.

소년은 소탈한 성격이다.

소녀는 사랑스럽다.

소년은 한눈에 반한다.

소년과 소녀가 헤어진다.

악당이 찾아온다.

악당이 소녀를 납치한다.

소년은 절망한다.

소년이 다시 소녀를 만난다.

소년이 조력자를 만난다.

조력자가 악당을 잡을 덫을 놓는다.

소년이 소녀를 구한다.

소녀는 조력자와 함께 도망친다

PUMA는 또한 산문을 구성하는 데에도 도움이 된다.

우리 판매 팀의 상태 업데이트

이 책에서 우리는 네 종류의 **PUMA**를 만나볼 것이며,
각각은 서로 다른 스토리라인을 의미한다.

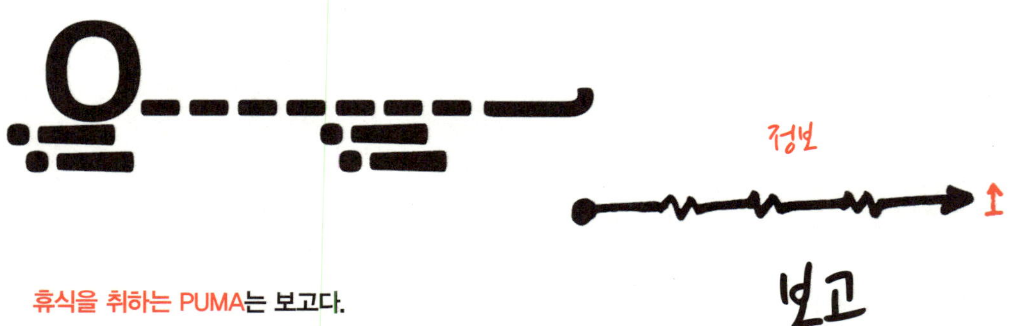

휴식을 취하는 PUMA는 보고다.

기어오르는 PUMA는 설명이다.

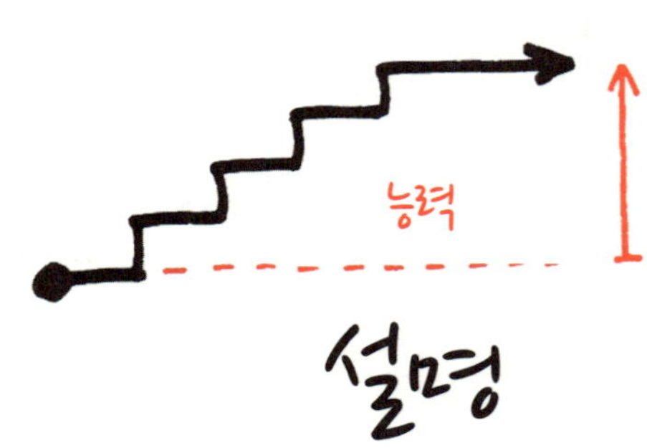

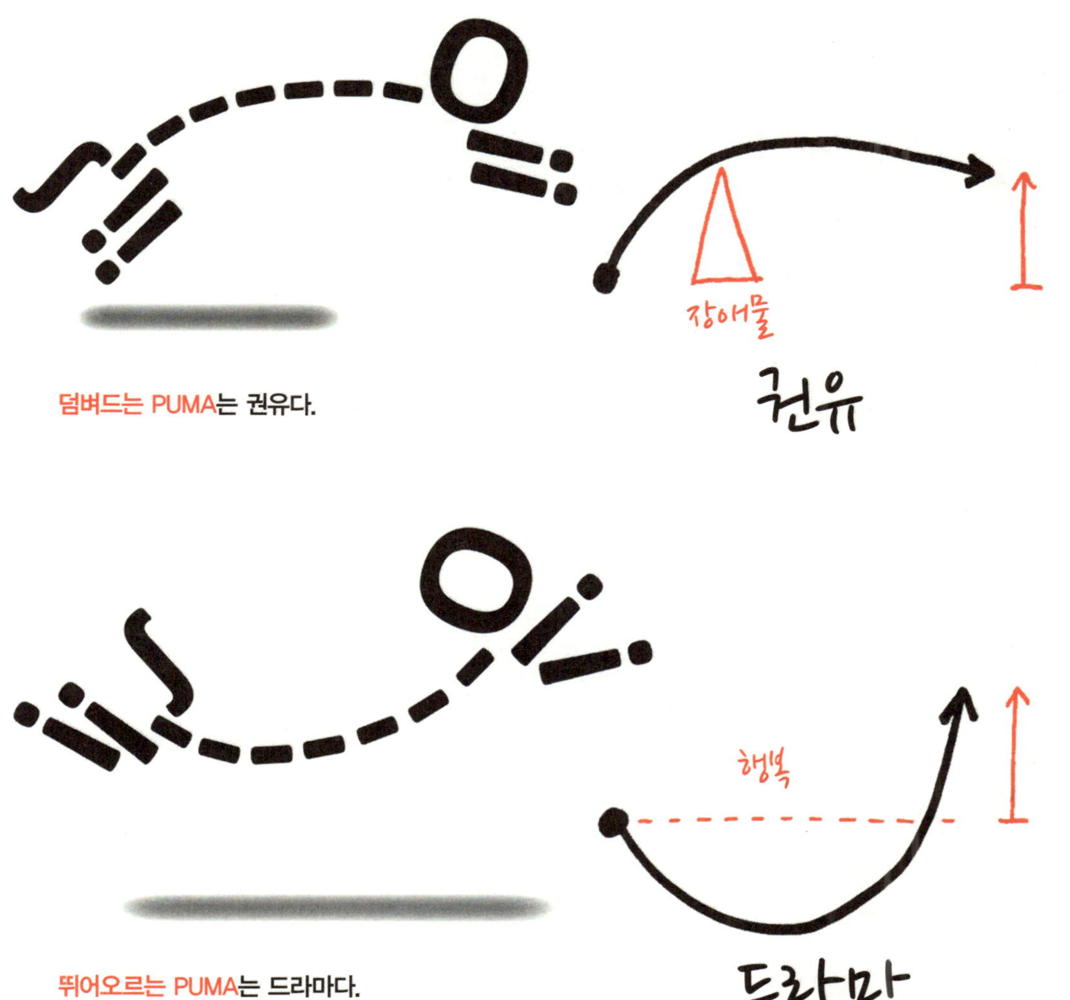
덤벼드는 PUMA는 권유다.
장애물
권유
뛰어오르는 PUMA는 드라마다.
행복
드라마

네 가지 스토리라인 : 상세 설명

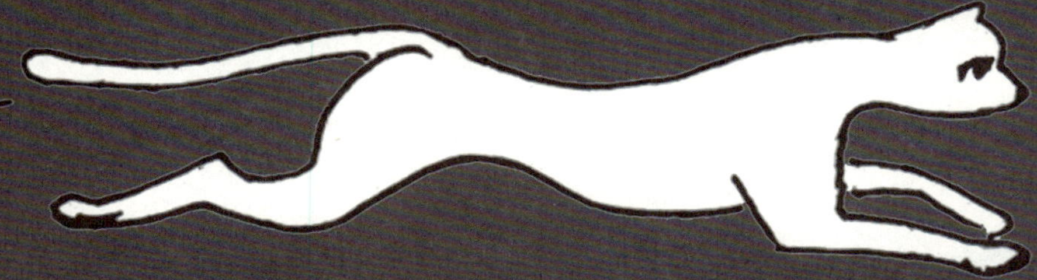

(휴식을 취하는 PUMA)

보고는 **데이터**를 나타낸다.
보고를 통해 우리는 청중이 아는 **정보**를 바꾼다.

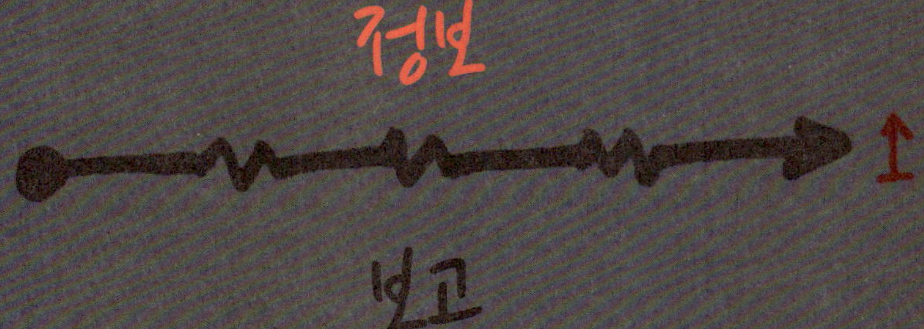

그저 그런 보고는 데이터를 전달한다.

보고는 가장 많이 하는 프레젠테이션이다.
가장 많이 실패하는 프레젠테이션이기도 하다.
왜 그럴까? 구성 단계에서부터 이미 아는 내용을 넣어놓고는 나중에 모르는 사실 몇 가지만
가미하기 때문이다. 따라서 청중을 놀라게 하거나 극적인 효과를 낼 수 없다.
이런 프레젠테이션은 전혀 기억에 남지 않으며 청중의 행동을 유도할 수도 없다.

좋은 보고는 데이터에 **생기**를 불어넣는다.

제대로 보고를 하면 청중에게 단순한 사실 그 이상을 전달하게 된다.
사실을 전달하면서 **통찰력**을 제공하고, 데이터를 **기억**할 수 있도록 돕고, 청중이 **관심**을 느끼게
만든다.

사실은 사실이다.

하지만 프레젠테이션은 사실만으로는 부족하다.

째깍거리는 시계도, 하프타임도, 놀랄 만한 요소도, 해설자도 없는 그런 미식축구 경기를 본다고
상상해 보자.

사실은 다음과 같다.

☐	사람들이…	00000 000000
☐	공을 움직인다…	0
☐	이렇게…	← →
☐	일정 시간 동안…	60:00:00
☐	골을 넣는 횟수를 센다.	X = ?
☐	예이!	ZZZZZ

별로 기억에 남지 않을 것이다
(그리고 다시는 미식축구 경기를 보지 않게 될 것이다).

정렬, 강조, 평가는 사실을 생생한 **이야기**로 바꾼다.

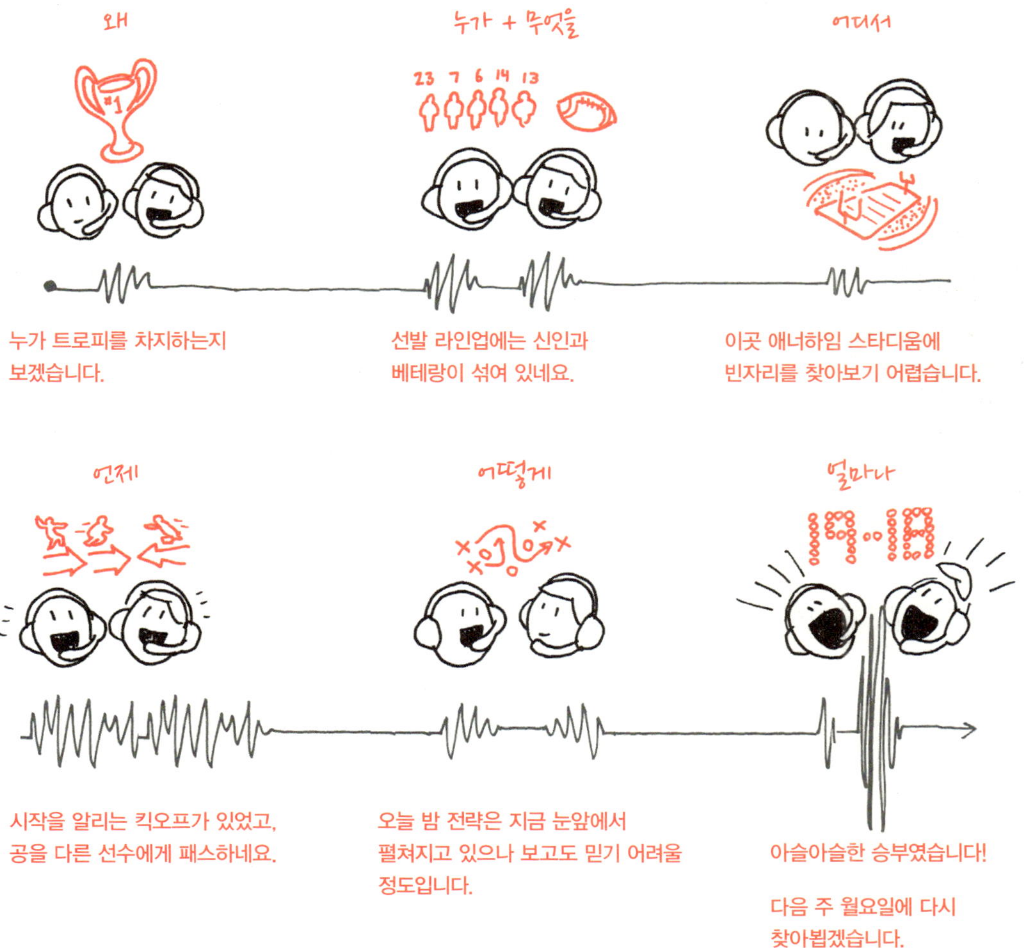

누가 트로피를 차지하는지
보겠습니다.

선발 라인업에는 신인과
베테랑이 섞여 있네요.

이곳 애너하임 스타디움에
빈자리를 찾아보기 어렵습니다.

시작을 알리는 킥오프가 있었고,
공을 다른 선수에게 패스하네요.

오늘 밤 전략은 지금 눈앞에서
펼쳐지고 있으나 보고도 믿기 어려울
정도입니다.

아슬아슬한 승부였습니다!

다음 주 월요일에 다시
찾아뵙겠습니다.

보고는 가장 빨리 통찰력을 확보하고
잘 보관할 수 있도록 데이터를 전달한다.

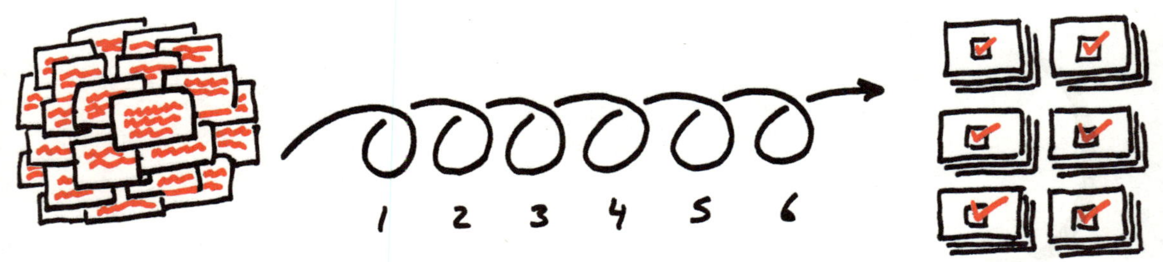

이를 위한 가장 완벽한 방법은 '6모드 사고' 이다.

6모드 사고란?

6모드 사고는 거의 모든 아이디어, 문제, 이야기를 서로 다르면서도 상호 보완하는 6가지 정보 '모드'로 쪼갤 수 있다는 개념이다.

우리는 지금 **누구와 무엇**에 대해 이야기하는가?

그들은 **어디에** 있는가?

언제 일어났는가?

얼마나 있나?

어떻게 상호작용하나?

왜 그러는가?

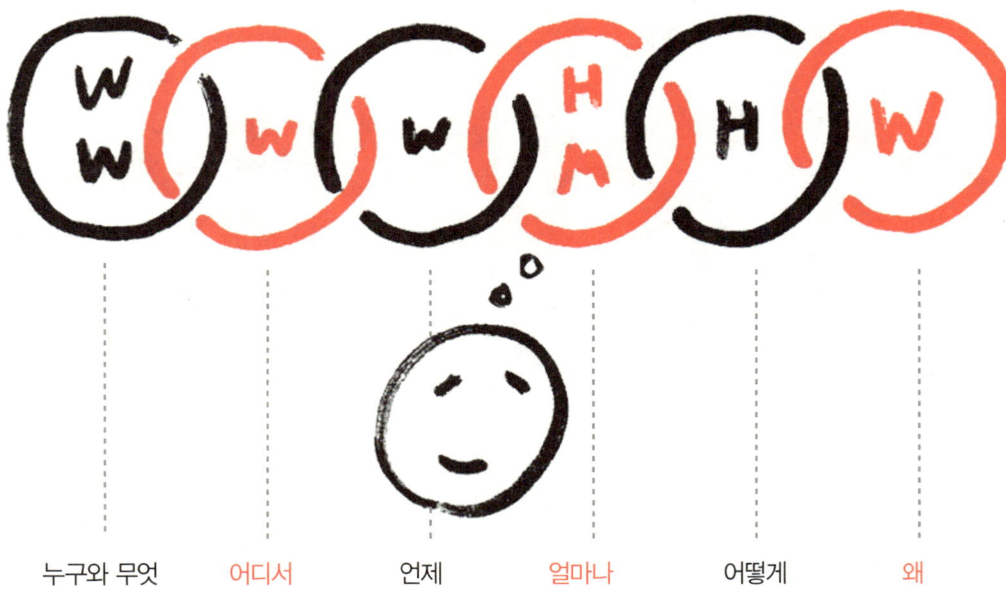

우리의 마음은 항상 6가지 모드를 생각하며, 6가지 모드는 우리가 내용을 이해하고, 인지하고, 기억하는 데 사용하는 기본적인 구조를 구성한다.

6모드 사고는 고리다.

완전한 아이디어에는 6가지 모드가
모두 담겨 있으며, 서로 고리처럼
연결되어 있다. 그 순서는 중요하지
않으며 6가지 모두 존재한다는 사
실이 중요하다. 보통 프레젠테이션
에서는 '누구와 무엇' 이나 '왜' 가
좋은 시작점이 된다.

모든 좋은 보고에는 일반적인 6모드 스토리라인이
다양한 형태로 사용된다.

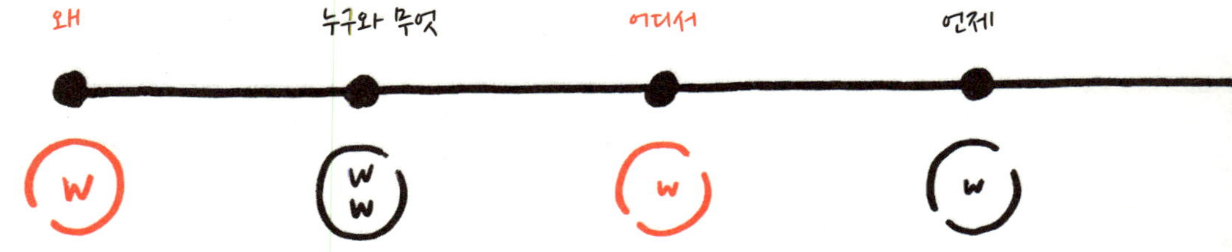

왜 우리는 여기에 있는가?
이 문제에 대해 합의하려고.

우리는 누구와 무엇에 대해
이야기하려고 하는가?
우리 선수들과 선수들의
플레이에 대해 이야기하려고.

어디에 있는가? 어디로 가
고 있는가?
여기에 있으며 이렇게 겹
쳐 있다. 마지막에도 여기
에 있을 것이다.

언제 상호작용하는가?
이벤트의 순서는 이렇다.
바로 이때 일이 일어난다.

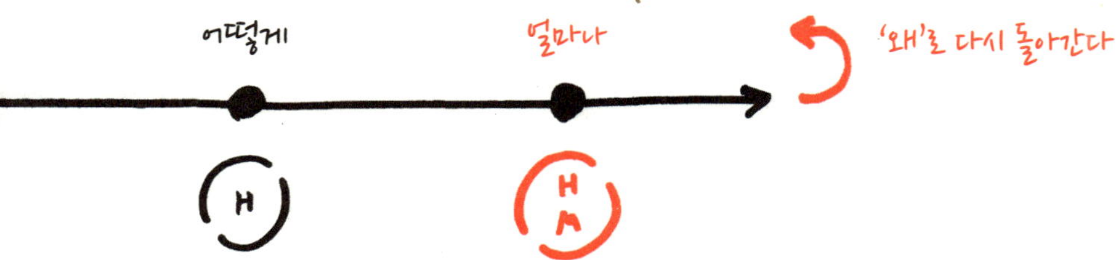

어떻게 일어나는가?
서로에게 영향을 미치는
방식은 이렇다.
이는 원인이자 효과다.

수치는 어떠한가?
선수가 많다.
일이 많다.
돈이 많다.

돌아가기 : 처음 목적을 달성했나?
다음으로 무엇을 해야 하는가?

3가지 **보고** 내용을 6모드 사고에 매핑해 보았다.

보고 제목 →　　　　　　**현황 보고**

W	**왜(목적)**	**현재 우리 위치에 대해 더 잘 이해하기 위해 이곳에 모였다.**
W W	**누구와 무엇**	우리 회사, 우리 팀, 우리 제품, 우리 경쟁사
W W	**어디서와 언제**	**이 세부시장, 저 세부시장, 이번 분기, 지난 분기**
H H	**어떻게와 얼마나**	수치를 높이려면 전략을 재고해야 한다.

스포츠 중계

슈퍼볼 여정을 함께하기
위해 중계한다.

팀, 선수, 경기

**스타디움, 이 경기,
다운타임**

야드 수, 타임아웃, 펀트,
터치다운

한스 로슬링(Hans Rosling)의
첫 번째 테드 토크*

수많은 똑똑한 사람들이 빈곤에 대해서 제대로
이해하는 것 같지 않다.

국가별 데이터, 어머니, 자녀,
부, 사망

전 세계, 20세기

교육 = 부
부 = 수명 연장

*테드 2006에서 인용한 내용으로 현재까지 최고의 데이터 보고로 평가된다(또한 대부분의 테드 토크는 드라마
　성향이 강하기에 특이한 경우로 꼽을 수 있다. 자세한 내용은 뒤에서 소개됨).

실전 보고 :
'실베스터 프로젝트'

시나리오 :

아이디어 : 소셜 미디어로 디지털 환경이 변하고 있다. 많은 회사에서 소셜 네트워크와 플랫폼을 이용한 전자상거래를 개척하려고 기회를 모색하고 있다. 우리 회사는 이를 위해 내부에서 기밀 프로젝트를 진행하고 있다.

우리 : 우리는 중간 규모의 소프트웨어 기업에서 근무하고 있다. 우리 팀은 새로운 제품 개발을 담당하고 있다. 우리는 회사의 경영진에게 프로젝트 진행 상황을 보고해야 한다.

청중 : 우리는 프로젝트 진행 상황에 대해 경영진과 프로그램 후원자들에게 설명해야 한다. 우리 외에도 발표자가 많으므로 가능한 한 짧게 마치되 우리가 무엇을 원하는지 알려야 한다.

힌트 : 사실만 이야기하되 약간의 이야기를 가미하라!

인사

Show :

실베스터 프로젝트

기밀 프로젝트 팀

개발 현황 보고

Tell : 실베스터 프로젝트 현황 보고를 시작하겠습니다.

우리는 왜 여기에 있는가?

실베스터 프로젝트 순행 중

4개월간의 여정

여기에서…　　　여기로…　　　여기까지:

하지만 **문제**가 앞을 가로막아

Show :

Tell :　실베스터 프로젝트는 순조롭게 진행되고 있습니다. 4개월 전에는 아이디어 스케치에 불과했던 실베스터가 이제는 어느 정도 제 기능을 발휘하는 데모 버전으로 모습을 갖췄습니다. 이제까지 모두 좋았지만 저희 앞에는 몇 가지 문제가 놓여 있습니다.

무엇에 대해 이야기하려 하는가?

Show :

> ## 검토: 실베스터 프로젝트란?
>
> 이 프로젝트를 '실베스터' 라고 부르는 이유: 트윗 킬러(Tweet killer)와의 연관성
>
> 소셜 미디어 인터페이스를 통해 직접 온라인 구매를 할 수 있도록 지원함으로써 실베스터의 전매 코드가 전자상거래를 혁신할 예정
>
> 실베스터 없는 소셜 미디어
>
>
>
> 실베스터 있는 소셜 미디어
>
>

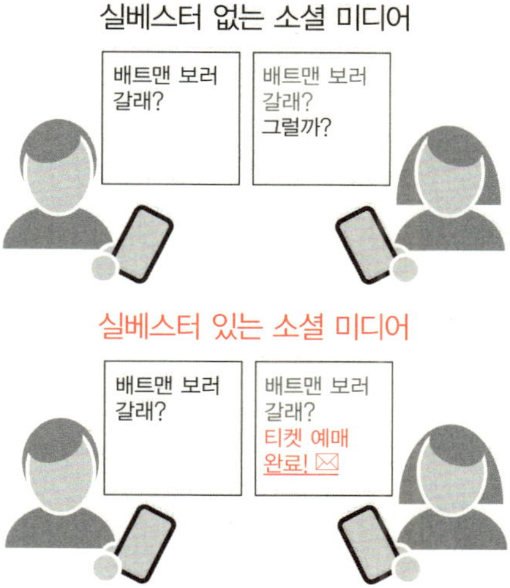

Tell : 세부사항을 설명하기 전에 잠시 프로젝트에 대해 설명을 드리고자 합니다. 이 프로젝트에 실베스터란 이름을 붙인 이유는 트윗 킬러 프로젝트이기 때문입니다. 다시 말해 실베스터가 있으면 사용자들은 소셜 미디어 앱에서 직접 온라인 구매를 진행할 수 있습니다.

관련된 사람은 누구인가?

Show :

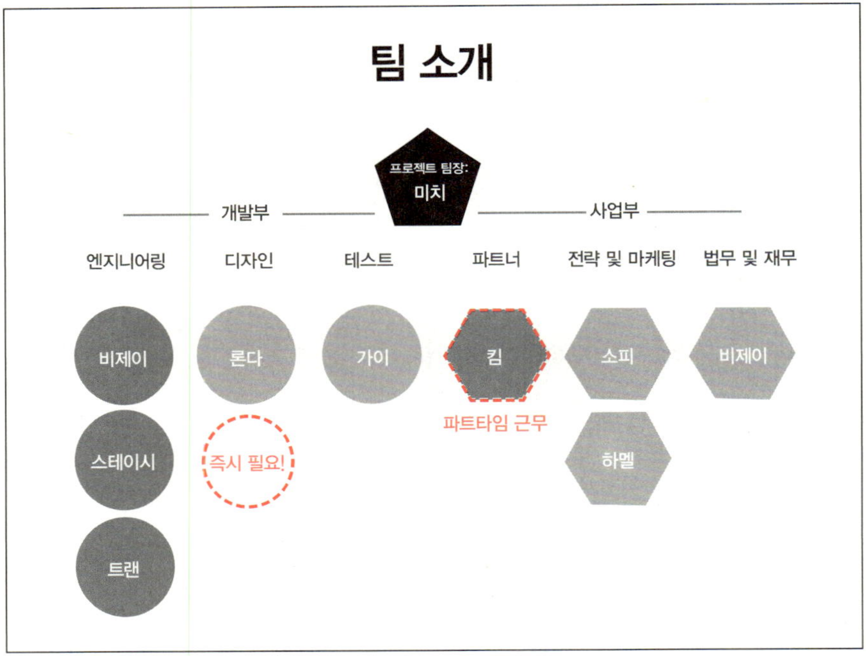
팀 소개
프로젝트 팀장:
미치
개발부
사업부
엔지니어링
디자인
테스트
파트너
전략 및 마케팅
법무 및 재무
비제이
스테이시
트랜
론다
즉시 필요!
가이
킴
파트타임 근무
소피
하멜
비제이

Tell : 저는 프로젝트를 책임지고 있는 미치입니다. 저희 팀은 실베스터의 개발과 사업을 책임지는 2개의 부서로 구성되어 있습니다. 현재 디자이너 한 명이 더 필요하고, 파트너 담당자가 파트타임으로 근무하고 있습니다.

왜
누구와 무엇
어디서
언제
어떻게
얼마나
'왜'로 다시 돌아간다

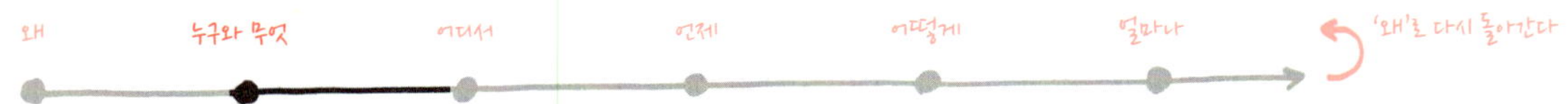

어디로 가고 있는가?

Show :

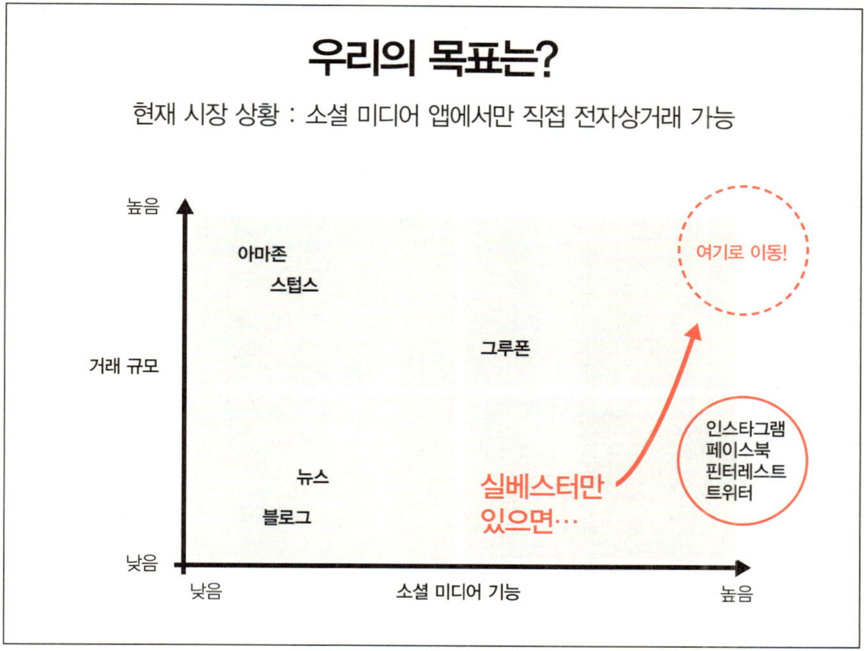

우리의 목표는?

현재 시장 상황 : 소셜 미디어 앱에서만 직접 전자상거래 가능

Tell : 현재 소셜 미디어 환경을 살펴보시죠. 주요 소셜 미디어 중에서 직접 온라인 판매가 가능한 미디어는 없습니다. 이러한 점이 여기에서 우리가 활약하고 파트너 관계를 맺어야 하는 이유입니다.

지금 우리는 어디에 있는가?

Show :

기술 측면에서 우리의 위치는?

우리의 전매인 태깅 엔진은 데스크톱을 이용하는 환경에서는
안전한 온라인 거래를 실현하는 것으로 입증됨.

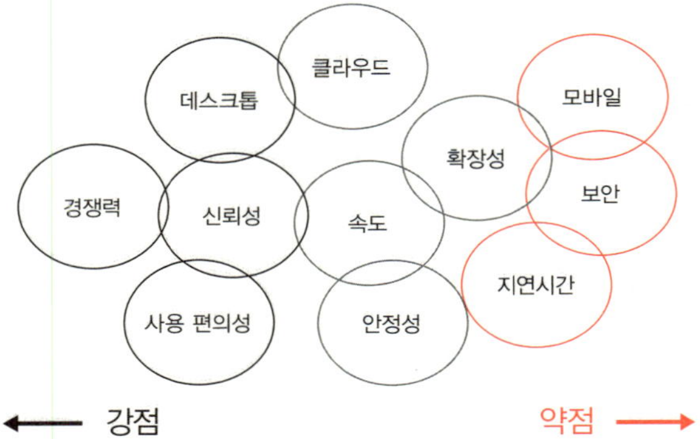

클라우드
데스크톱
모바일
확장성
보안
경쟁력
신뢰성
속도
지연시간
사용 편의성
안정성
강점
약점

모바일, 특히 보안이 여전히 문제

Tell : **기술 측면에서 데스크톱 환경에서는 안정적이고 확장 가능한 플랫폼을 구현했습니다. 하지만 모바일 환경에서는 아직 해결해야 할 문제가 많으며, 특히 보안 문제를 잘 해결해야 합니다.**

왜
누구와 무엇
어디서
언제
어떻게
얼마나
'왜'로 다시 돌아간다

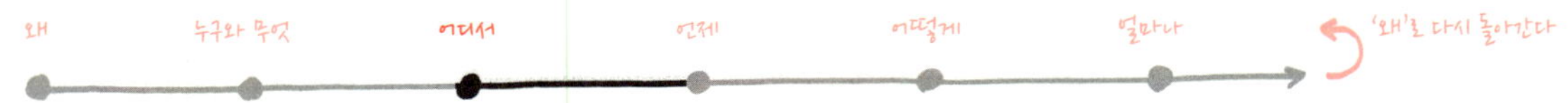

언제 일어날 것인가?

Show :

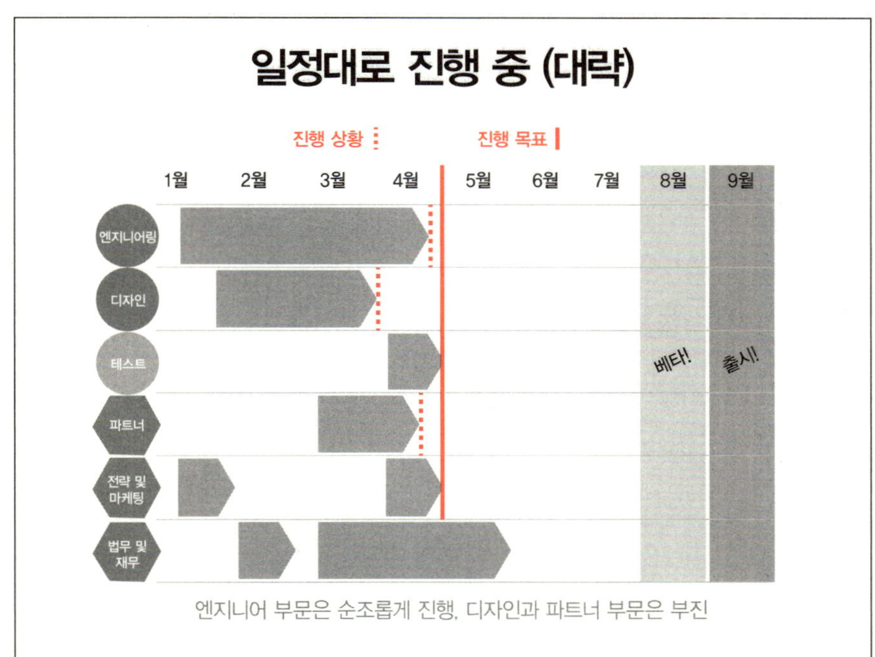

Tell : 모바일 문제만 해결하면 엔지니어링 부문에서는 일정대로 진행할 수 있습니다.
하지만 디자이너와 파트너 담당자가 부족하여 2개의 중요 부서의 업무에 차질이
발생할 수 있습니다.

어떻게 할 것인가?

기술과 일정 문제를 해결하기 위한 옵션:
콩구 모바일과 파트너

콩구 모바일(온라인 앱 개발업체)은 우리에게 필요한 디자인과 엔지니어링 인력 보유, 현재 투자자 물색 중!

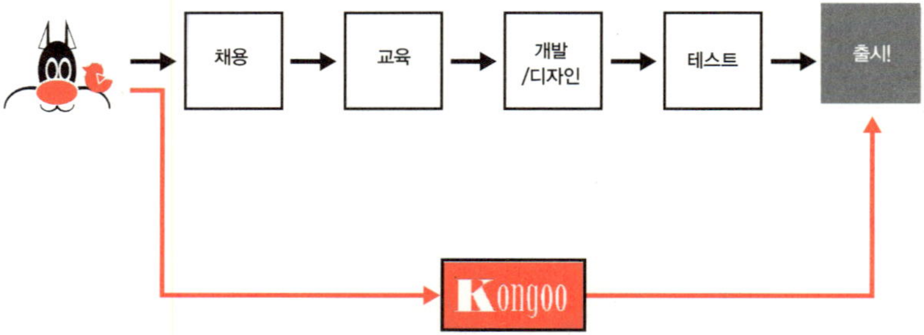

Show :

채용 → 교육 → 개발/디자인 → 테스트 → 출시!

Kongoo

콩구가 출시를 위한 대안이 될 것!

Tell : 흥미로운 해결책이 하나 있습니다. 콩구 모바일은 많은 모바일 앱을 개발하지는 않았지만 출시한 앱은 대부분 호응을 이끌어 냈습니다. 또한 현재 투자자를 물색하고 있습니다. 콩구 모바일은 우리가 필요한 인재와 기술을 보유하고 있습니다. 이들과 파트너가 되면 출시를 앞당길 수 있습니다.

얼마나?

Show :

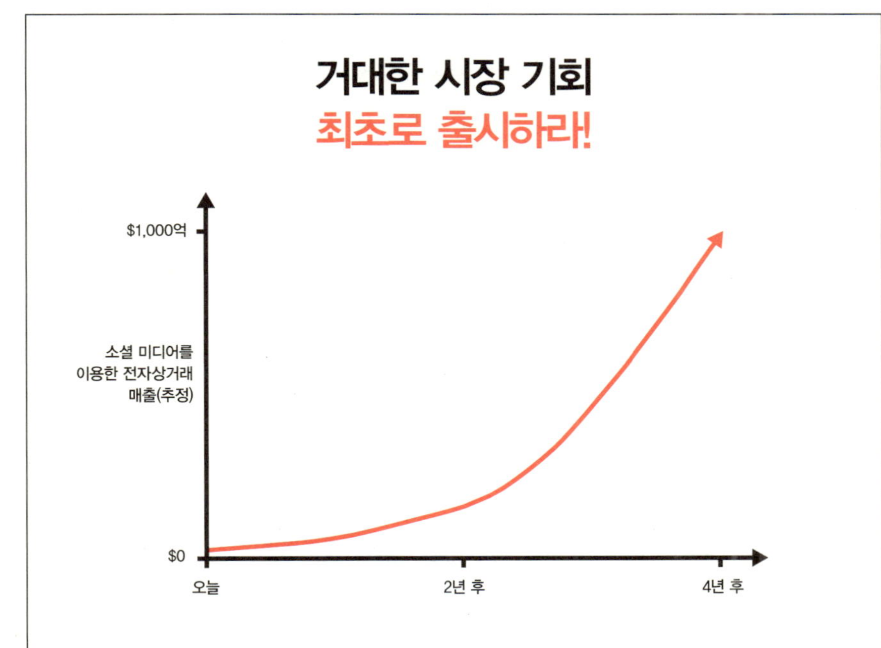

Tell : 빨리 출시하는 것이 핵심 목표입니다. 소셜 전자상거래 시장의 가능성에 대해서
모두 잘 아시리라 생각합니다.

얼마나 많다는 것인가?

Show :

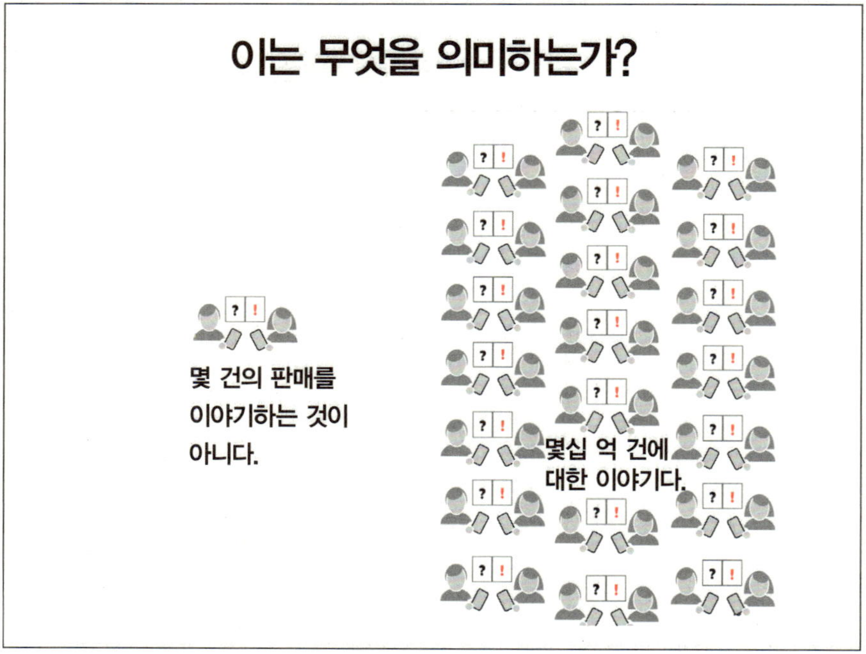

Tell : 몇 건의 소셜 미디어 거래에 대해 이야기하는 것이 아닙니다.
몇십 억 건에 대한 이야기입니다.

중요한 질문:
콩구와 파트너를 맺어야만 하나?

Show :

Tell : 프로젝트는 계속 될 것입니다. 하지만 여기서 물어야 할 중요한 질문은 콩구와 파트너를 맺을 것인가, 아니면 우리끼리 할 것인가입니다. 시간 내주셔서 감사합니다. 오늘 보고 드린 새로운 내용에 대해 의견이 있으시면 알려주십시오.

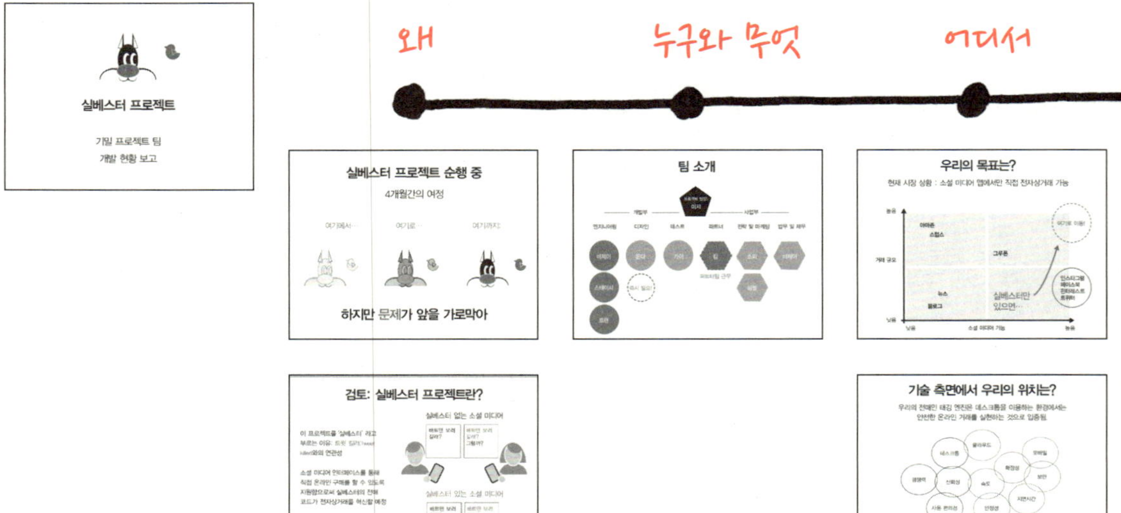
실베스터 프로젝트
기밀 프로젝트 팀
개발 현황 보고

왜
누구와 무엇
어디서

실베스터 프로젝트 순행 중
4개월간의 여정
여기에서···
여기로···
여기까지
하지만 문제가 앞을 가로막아

팀 소개
엔지니어링
디자인
데스크
파트너
전략 및 마케팅
업무 및 재무

우리의 목표는?
현재 시장 상황 : 소셜 미디어 앱에서만 직접 전자상거래 가능

검토: 실베스터 프로젝트란?
실베스터 없는 소셜 미디어
실베스터 있는 소셜 미디어

기술 측면에서 우리의 위치는?
우리의 전매인 태깅 엔진은 데스크톱을 이용하는 환경에서는
안전한 온라인 거래를 실현하는 것으로 입증됨
강점
약점

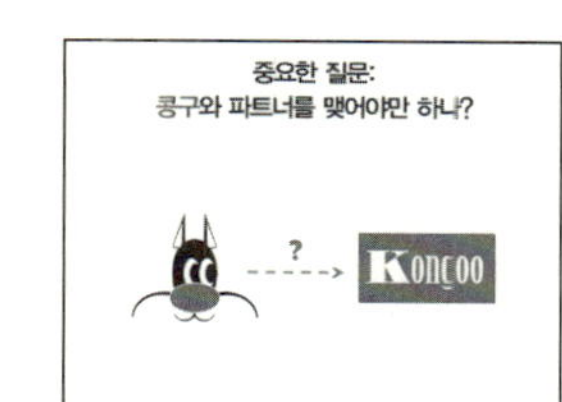

언제   어떻게   얼마나

'왜'로 다시 돌아간다

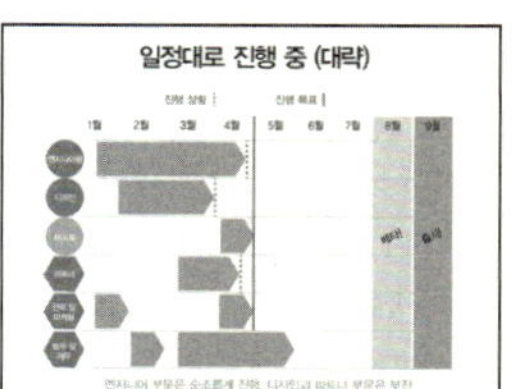

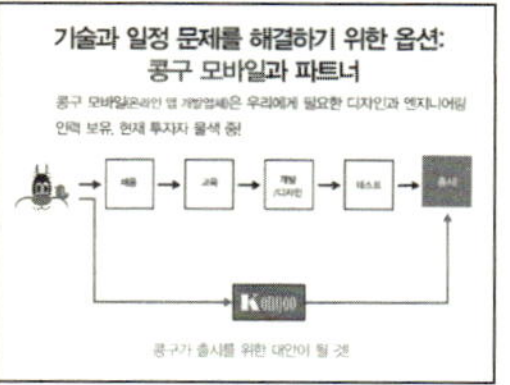

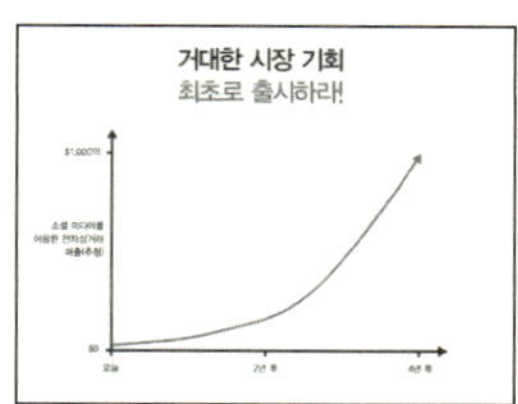

보고에 대한 점검 카드

1. 거짓 없는 **이야기**를 전했는가?
2. 청중이 알고 있는 **정보**를 바꿨는가?
3. **이해하기 쉽고,** 통찰력을 제공하고, **기억에 남는** 사실이었는가?

어떻게 되었는가?

'실베스터 프로젝트' 는 실제로 필자가 몇 년 전 기술 벤처기업에서 했던 보고 작업의 수정 버전이다
(많은 기업에서 비슷한 개념을 연구 중이므로 이름과 기술 관련 정보를 수정했다).
결과 : 보고 덕분에 투자를 받아 계속 프로젝트를 진행할 수 있었다. 그 이후는?
문자 메시지를 확인해 보라!

'보고'에 대한 생각 정리

"와, 놀라운 보고였어!" 라고 말하는 건
청중이 변했을 때뿐이다.
관객은 이전에 보지 못한 사실과의 연관성을
보게 되거나 이전에 생각지도 못한 사실을 이
해하게 되었을 때 변한다.

**사실만 읊었을 때 마음의 변화를 느끼는
사람은 거의 없다.**
사실이나 데이터만으로는 지루하기 십상이어서
호소력 있는 전달이 거의 불가능하다. '사실만'
으로 좋은 현황 보고서를 작성할 수는 있으나
마음을 사로잡는 프레젠테이션을 할 수는 없다.

**보고를 스포츠 중계로 바꿔야 한다
(단, 치어리더가 아닌 해설자가 되어야 한다).**
아나운서는 열정적이지만 어느 한 쪽으로 치우
치지 않는다. 어느 한 쪽을 선호하더라도 반드
시 모든 관련 데이터를 전달해야 한다. 발표자
가 한쪽으로 치우쳤다고 청중이 느끼는 순간
전체 보고 내용을 비판적인 눈으로 바라볼 것
이다.

**가능하다면 다른 스토리라인을 고려해 보는
것도 좋다. 더 나은 프레젠테이션이 탄생할
수도 있다.**
상사가 지루한 보고를 시켰다고 반드시 지루한
보고를 해야 하는 것은 아니다. 거기에서부터
다른 스토리라인을 시작할 수도 있다.

스토리라인 2 : 설명

(기어오르는 PUMA)

설명이란 **지식**을 공유하는 것이다. "어떻게 되는 건지 알려 줘."
설명을 통해 우리는 청중의 지식이나 **능력**을 바꾼다.

설명은 어디에든 있다.

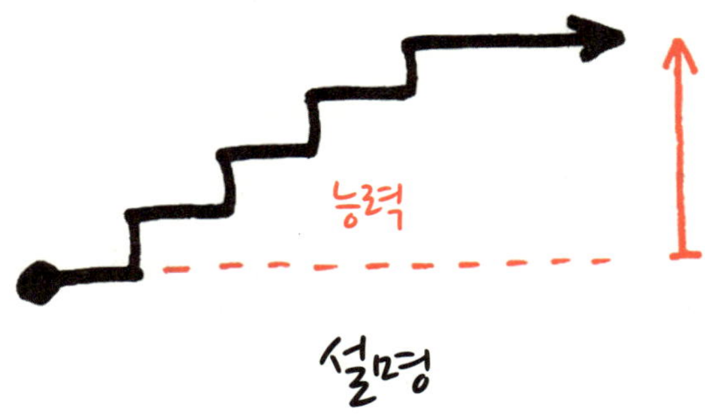

콘퍼런스, 강의실, 법정, 회의에서 이뤄지는 설명은 청중의 **지식**이나 **능력**을 바꾸는 것을
목적으로 한다. 즉 어떤 일이 일어났는지 설명하고, 새로운 통찰력을 제공하고, 새로운 방식을
보여준다.

- 교육 과정
- 연구 내용 발표
- 절차 소개
- 도움말 세미나
- 법적 소송
- 판매 교육

설명은 우리를 새로운 이해의 단계로 안내한다.
훌륭한 설명은 이를 알게 모르게 이뤄낸다.

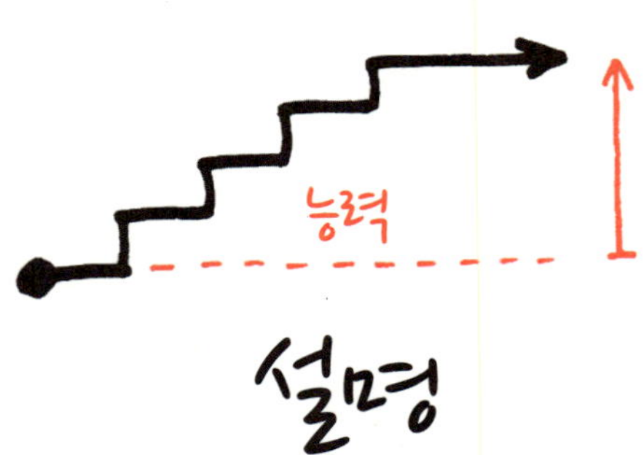

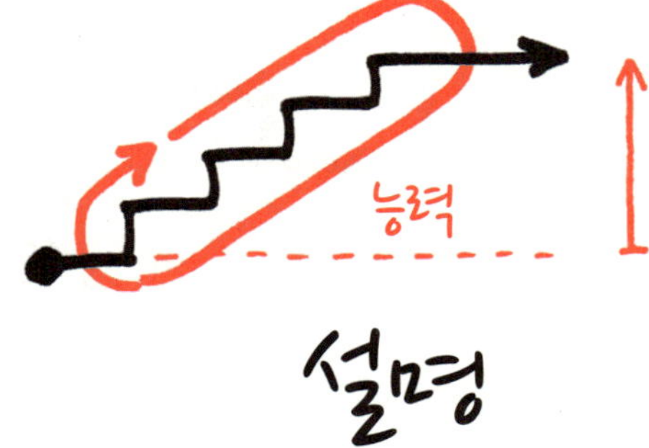

설명은 계단과 같다.
청중을 새로운 능력 또는
이해의 단계로 안내한다.

훌륭한 설명은 에스컬레이터와 같다.
청중은 자신도 모르는 사이에
새로운 단계에 와있음을 알게 된다.

훌륭한 설명은 3가지 방법으로 청중을
새로운 단계로 안내한다.

3. 각 단계에 이정표가 있다.
전체 경로에 대한 지도를
먼저 제공하고 각 단계에
대해 간략히 설명하며
우리의 목적지를 표시해둔다.

목적지에 도달하면 새로운
능력을 갖게 된다.

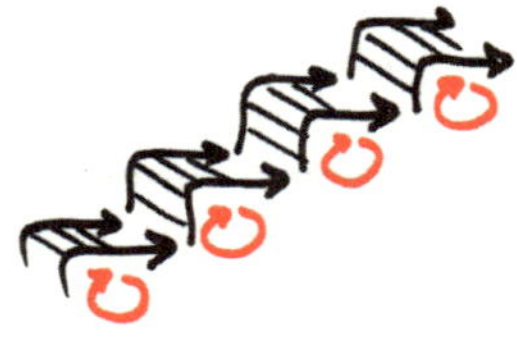

**2. 각 단계가 바로
다음 단계로 이어진다.**
여기에서 시작하면 저기로
이어지고, 거기에서 새로운
무언가를 더하고 더해진
내용을 마무리한다.
아주 빠르게!

1. 각 단계의 간격이 매우 작다.
새로운 정보가 바이트 크기로 제공
되며, 청중이 모두 이해하고 받아
들인 후에 다음 단계로 넘어간다.

여기가 우리의 출발점이다.

좋은 **설명**은 다음 단계별 스토리라인을 따른다.

현재 우리는 어디에 있으며,
어디로 가려 하는가?
또 거기까지는 어떤 경로로
가려 하는가?

체크포인트 :
모두 목적지에 동의하는가?

목적에 도달하기 위한 경로다.

체크포인트 :
모두 경로에 동의하는가?

모든 여정은 단계별로
이뤄지며 그중 첫 단계가
시작된다.

체크포인트 :
모두가 잘 따라오고
있는가?

다음 단계

다음, 그다음 단계가
계속된다.

체크포인트 :
이제까지 우리가 지나온
여정과 현재 우리 위치에
대해 알고 있는가?

목적지가 코앞

목적지가 멀지 않았다.
얼마나 멀리 왔는지
뒤돌아보라.

체크포인트 :
얼마나 많이 배웠는지
알고 있는가?

목적지 도착!

드디어 도착했다.
이제 새로운 지식이나
능력이 생겼다.

체크포인트 :
우리 스스로 이 과정을
반복할 수 있는가?

세 가지 예의 **설명** 스토리라인

	보고 제목 →	**식사를 준비하는 법**
	출발점	추수감사절에 가족들에게 맛있는 음식을 먹여야 한다.
	로드맵	애피타이저, 샐러드, 메인 코스, 젤리, 커피
	단계	오븐을 120℃로 예열, 칠면조 구이 준비, 감자 삶기
	목적지	테이블 세팅 후 가족들 도착! 맛있게 식사!

책을 집필하는 법	양자 역학 소개
몇 년간 생각해 온 아이디어가 있다.	우주는 신기한 미스터리로 가득하다.
개요 작성, 집필, 편집, 출판, 홍보	에너지, 질량, 빛이 우리를 안내할 것이다.
키보드에 손가락을 올려놓고 움직이고, 또 움직이고	기차에서 공을 튀기고 있는 사람을 생각해 보라.
뉴욕 타임스 베스트셀러 선정!	우리 주위의 신기한 미스터리 이해!

실전 말하기 :
'회계의 미래'

시나리오(실제 사례) :

아이디어 : 정부와 업계 지도층이 과학, 기술, 엔지니어링, 수학 교육에 대한 지원의 필요성을
깨달았다. 회계사로서 회계에 대한 교육 지원도 이뤄져야 한다고 생각한다.

우리 : 미국 회계학회(American Accounting Association)의 회원인 우리는 미국 재무부의 요청으로 다른
회계 관련 조직과 협력하여 회계 교육 미래에 대한 로드맵을 작성하게 되었다.

청중 : 다른 회계 전문가들에게 로드맵을 발표해야 한다. 우리의 목표는 청중이 우리의 로드맵을
이해하고 관련 내용을 동료, 학생에게 전달하게 하는 것이다.

인사

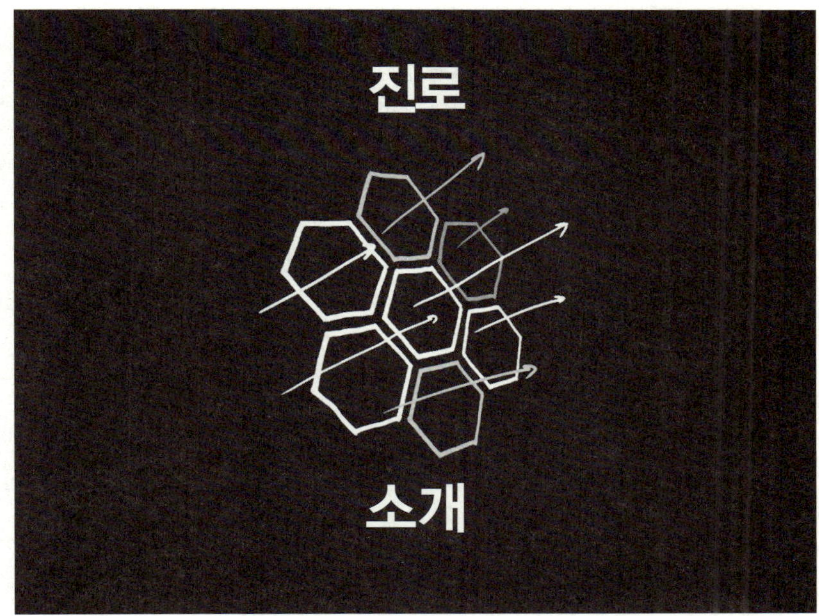

Show :

Tell : 회계학 교육의 미래를 위한 로드맵인 '진로' 와 관련하여 저희가 발견한 내용을 소개하게 되어 영광입니다.

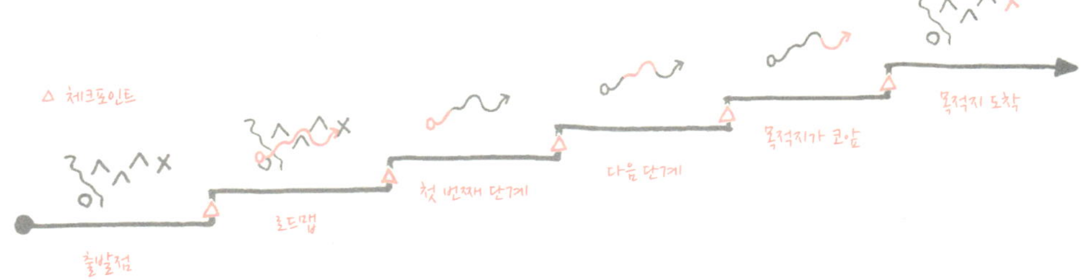

Show :

Tell : 10년 전 미국 의회는 미국 교육의 미래를 예측하며, 해외 전문 지식과 경쟁력에 뒤쳐질 위기에 처해 있다고 내다보았습니다.

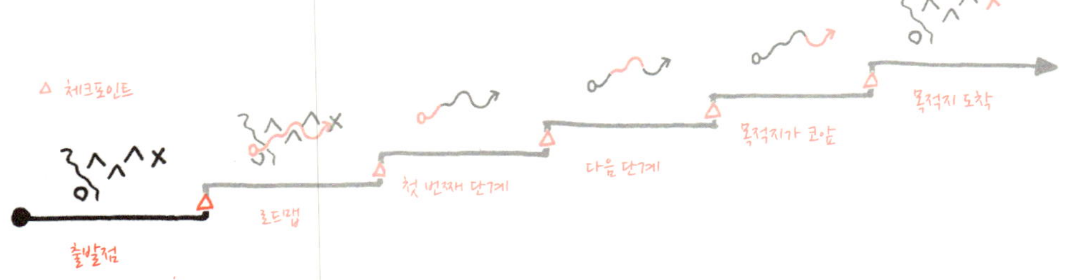

출발점

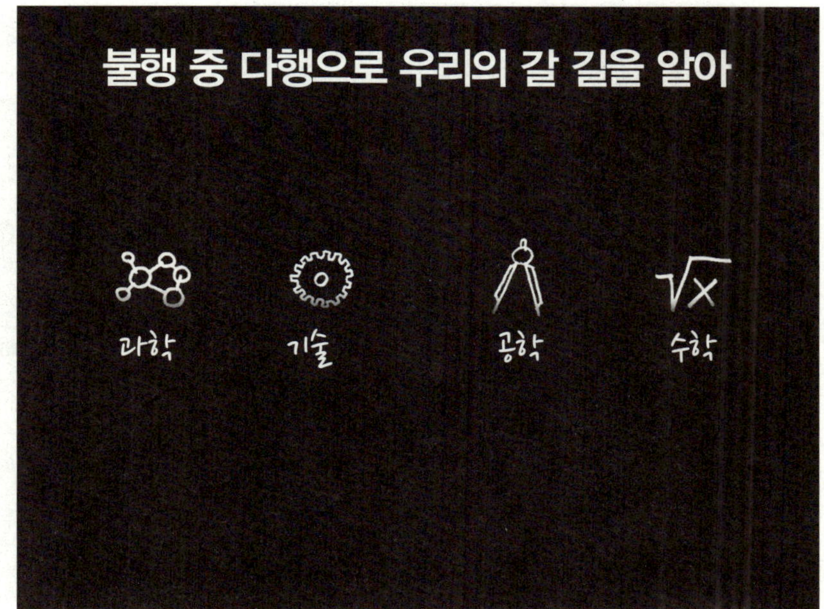

Show :

Tell : 당시 STEM 학문, 즉 과학, 기술, 공학, 수학 교육에 대한 지원을 높여야 한다는 결론에 도달했습니다.

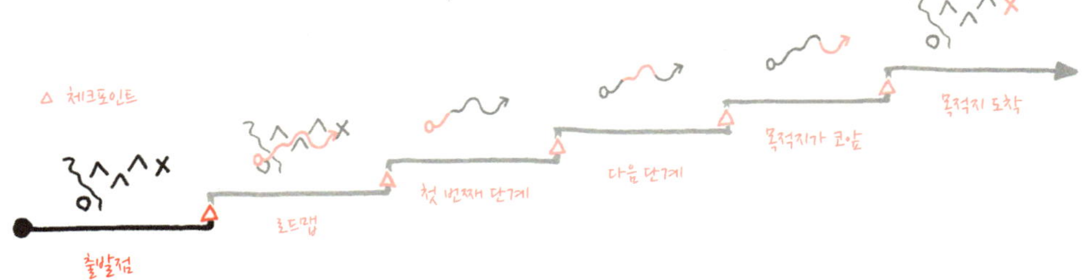

출발점(계속)

Show :

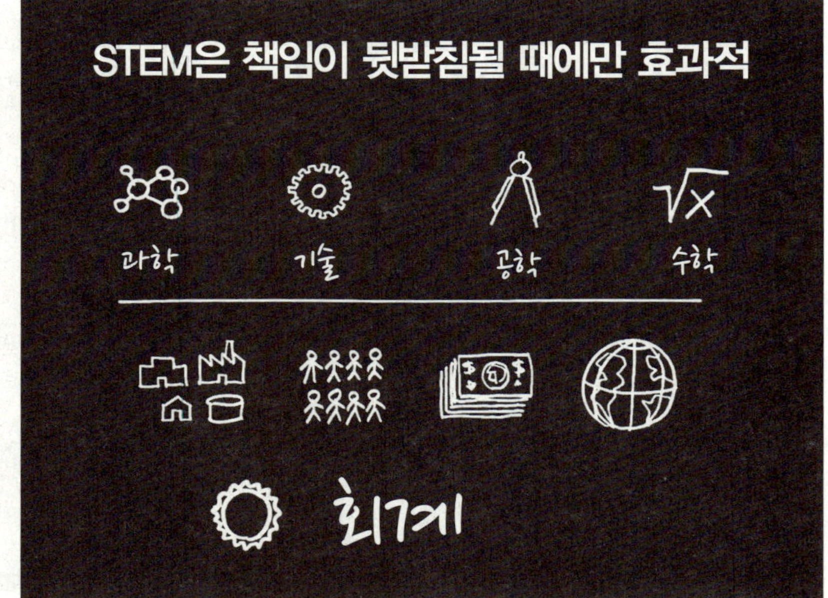

Tell : 회계사로서 우리는 당시 결론에 박수를 보냈습니다. 단, STEM 학문을 토대로 경제 사회가 원활히 작동하려면 신뢰와 책임이 뒷받침되어야 합니다.

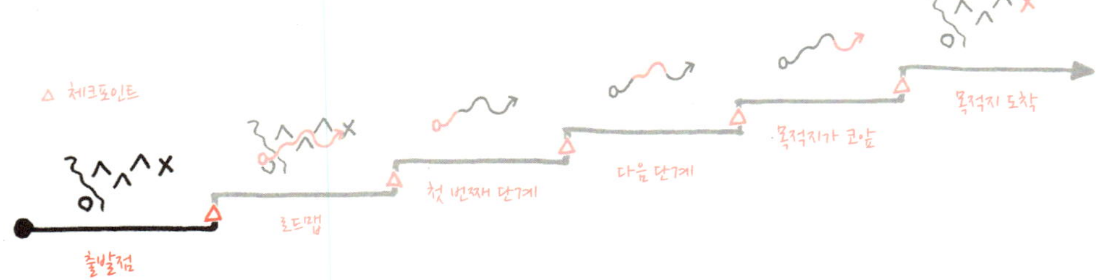

로드맵

Show :

Tell : 번창하는 자유경제 체제에선 회계가 다시 근간 학문으로 인식되어야
한다고 생각합니다.

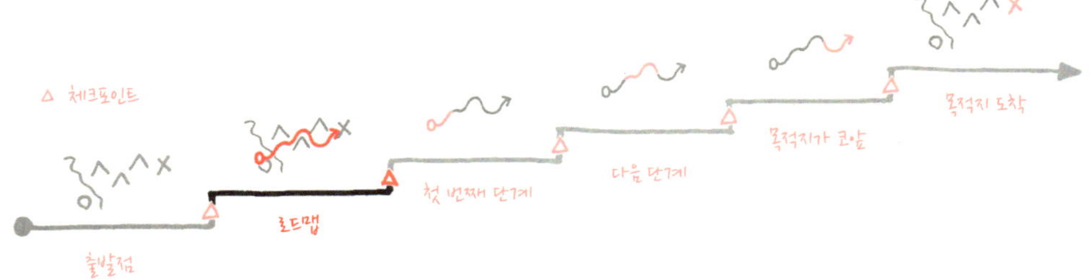

로드맵 (계속)

Show :

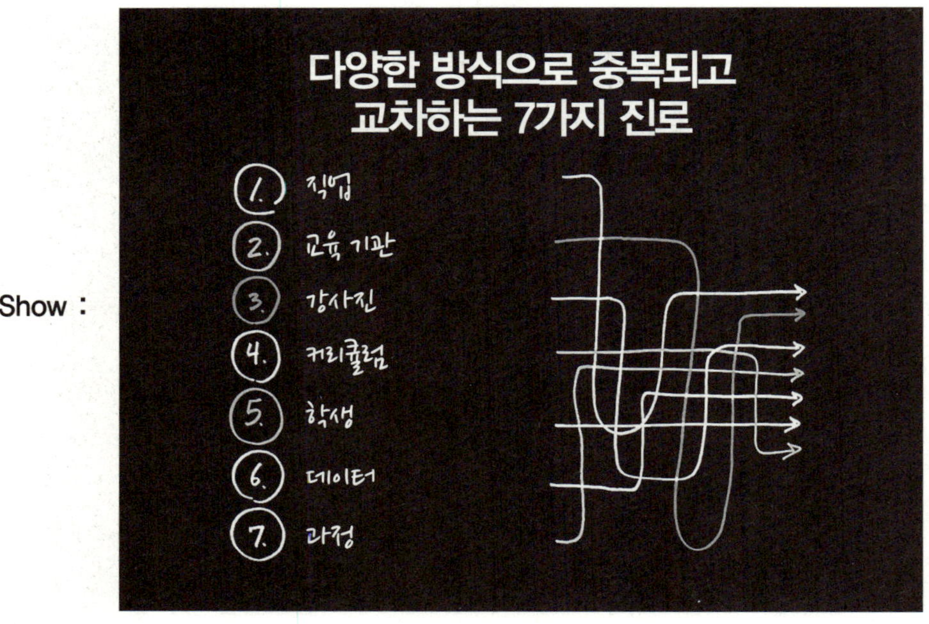

Tell : 그 역할을 감당하려면 회계학 교육의 미래를 생각할 때 7가지 중복되는
진로를 고려해야 합니다.

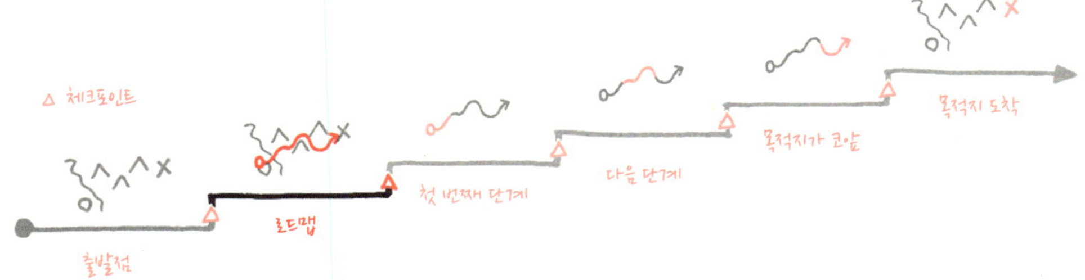

Show :

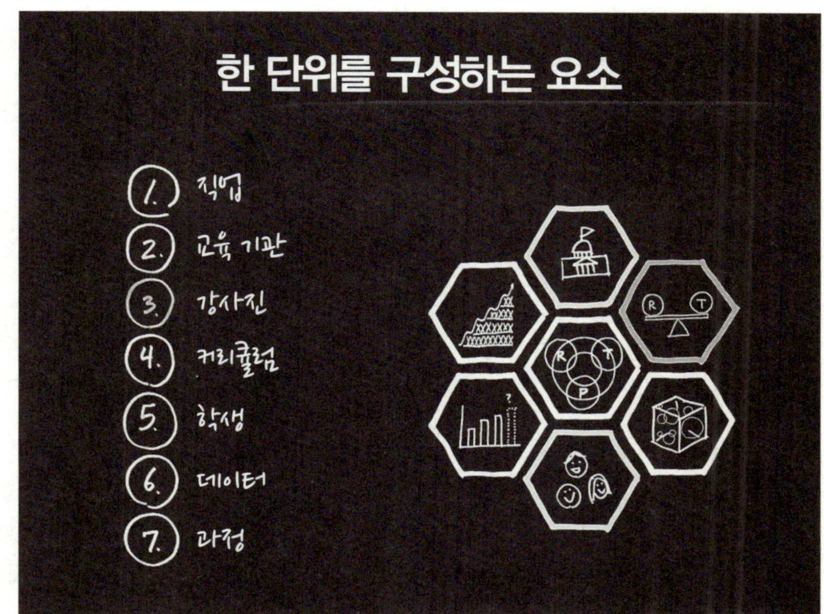

Tell : 7가지 진로가 '회계학' 이라는 하나의 개체를 구성하는 각각의 요소라고 생각합니다. 이제 각 요소에 대한 권장사항을 소개하고자 합니다.

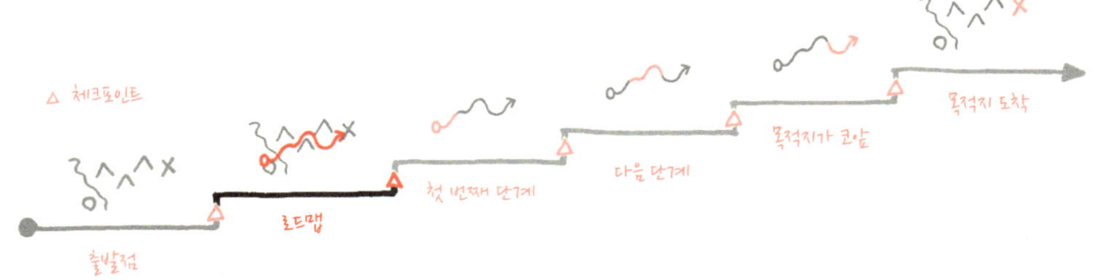

첫 번째 단계

Show :

Tell : 가운데에 있는 직업으로서의 '회계' 부터 생각해 보겠습니다.

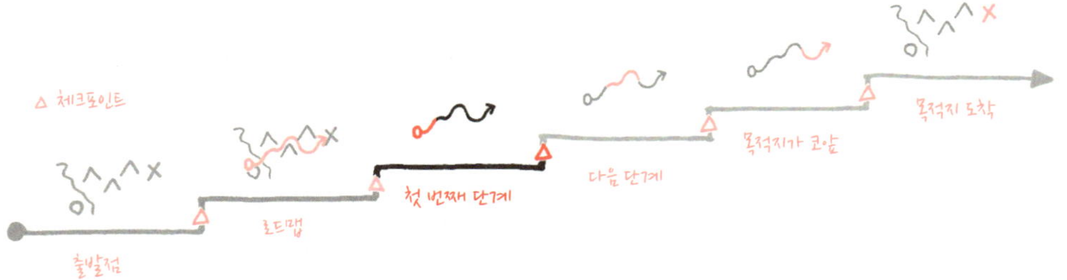

첫 번째 단계

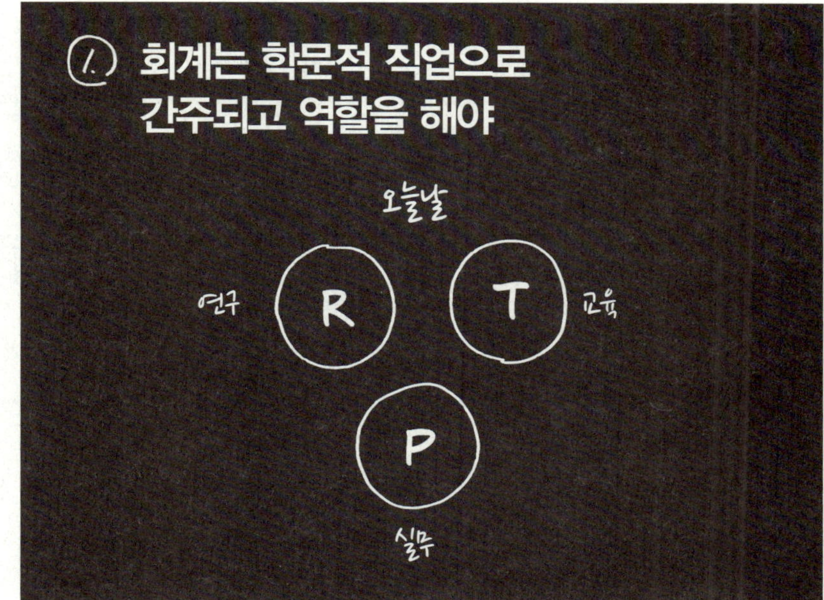

Show :

Tell : 먼저 회계 자체가 진정한 학문적 직업으로서의 입지를 구축해야 한다고 생각합니다.

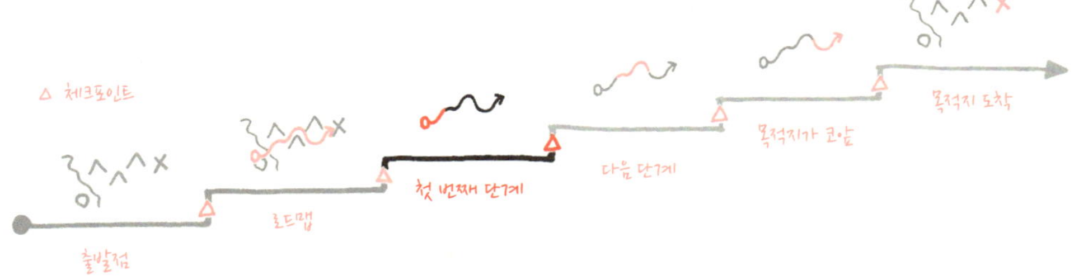

첫 번째 단계(계속)

Show :

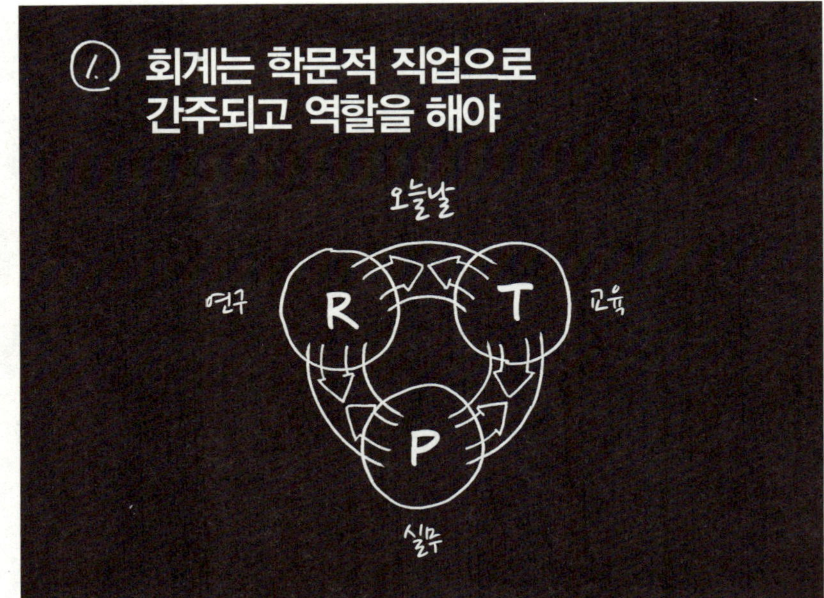

 이는 연구, 교육, 실무 분야 간에 존재하는 연결고리가 더욱 강화되어야
한다는 의미입니다.

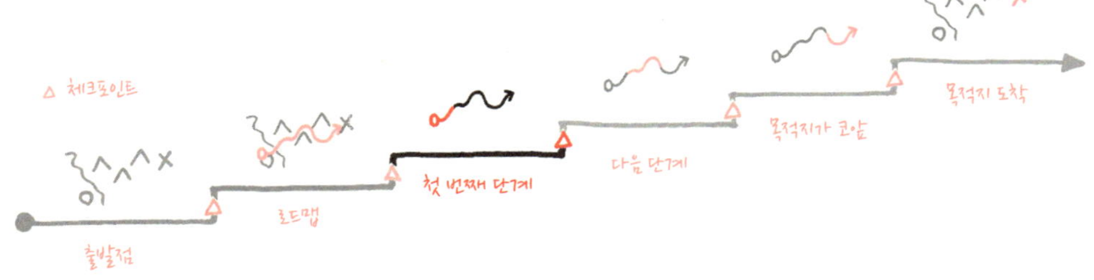

다음 단계

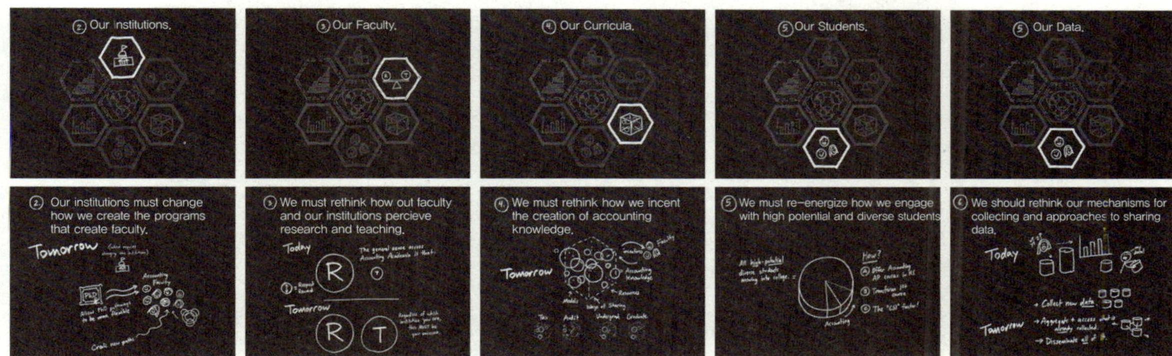

(다음 다섯 가지 요인에 대해 설명한다. 각 설명은 핵심 통찰력 하나와 핵심 결론 하나로 구성된 이전 권장사항을 토대로 한다.)

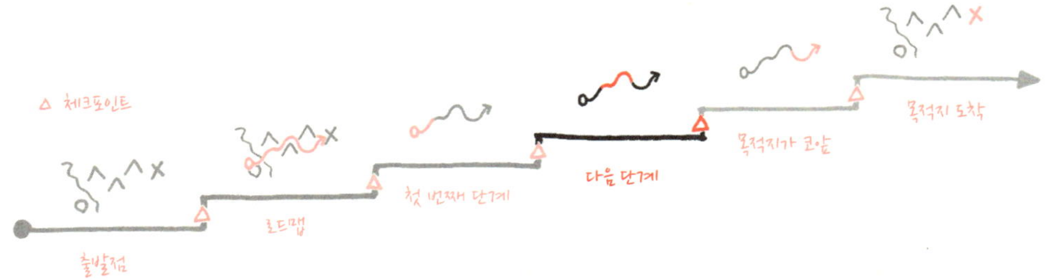

목적지가 코앞

Show :

Tell : 마지막 권장사항은 다음으로 우리가 해야 할 일, 바로 이 계획을 구현하는
과정의 핵심이 됩니다.

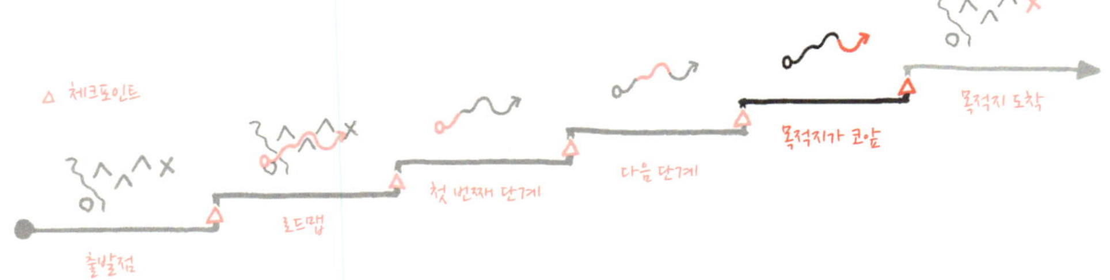

목적지가 코앞

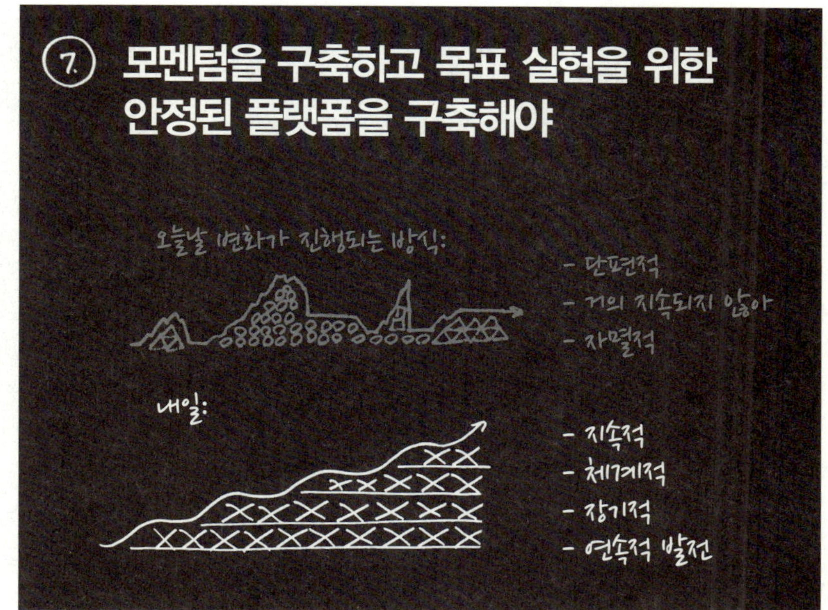

Show :

Tell : 이러한 변화의 모멘텀을 지지하기 위해 우리는 안정된 플랫폼을 구축해야 합니다. 그럼 구축한 플랫폼을 토대로 필요한 지원을 모색하고 성장할 수 있습니다.

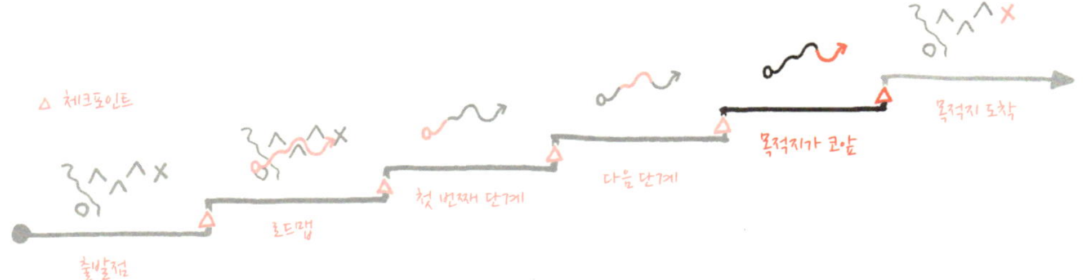

목적지 도착!

Show :

Tell : 오늘 함께 회계학 미래의 핵심을 보여주는 7가지 요소를 살펴봤습니다.
모두 잘 이해하셨길 바랍니다.

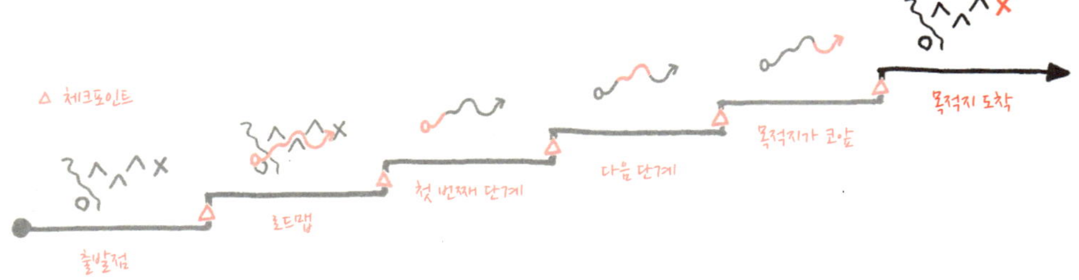

목적지 도착!

Show :

Tell : 회계학회에서는 여러분을 기다리고 있습니다. 올해는 물론 내년에도 계속해서
업계 전반에 오늘 소개한 권장사항을 널리 알려주세요. 감사합니다.

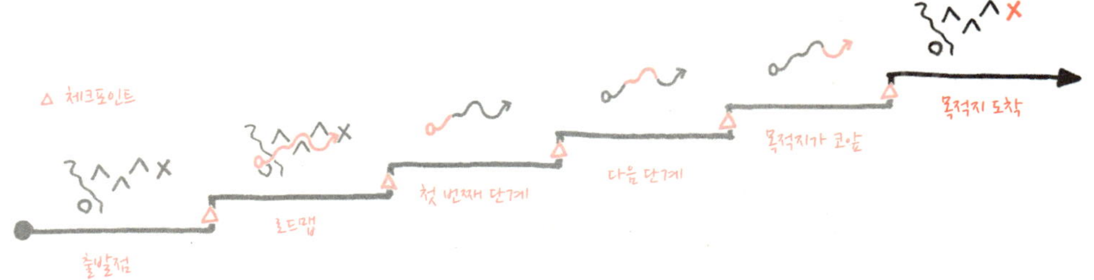

전체 프레젠테이션 맵 **설명** 스토리라인

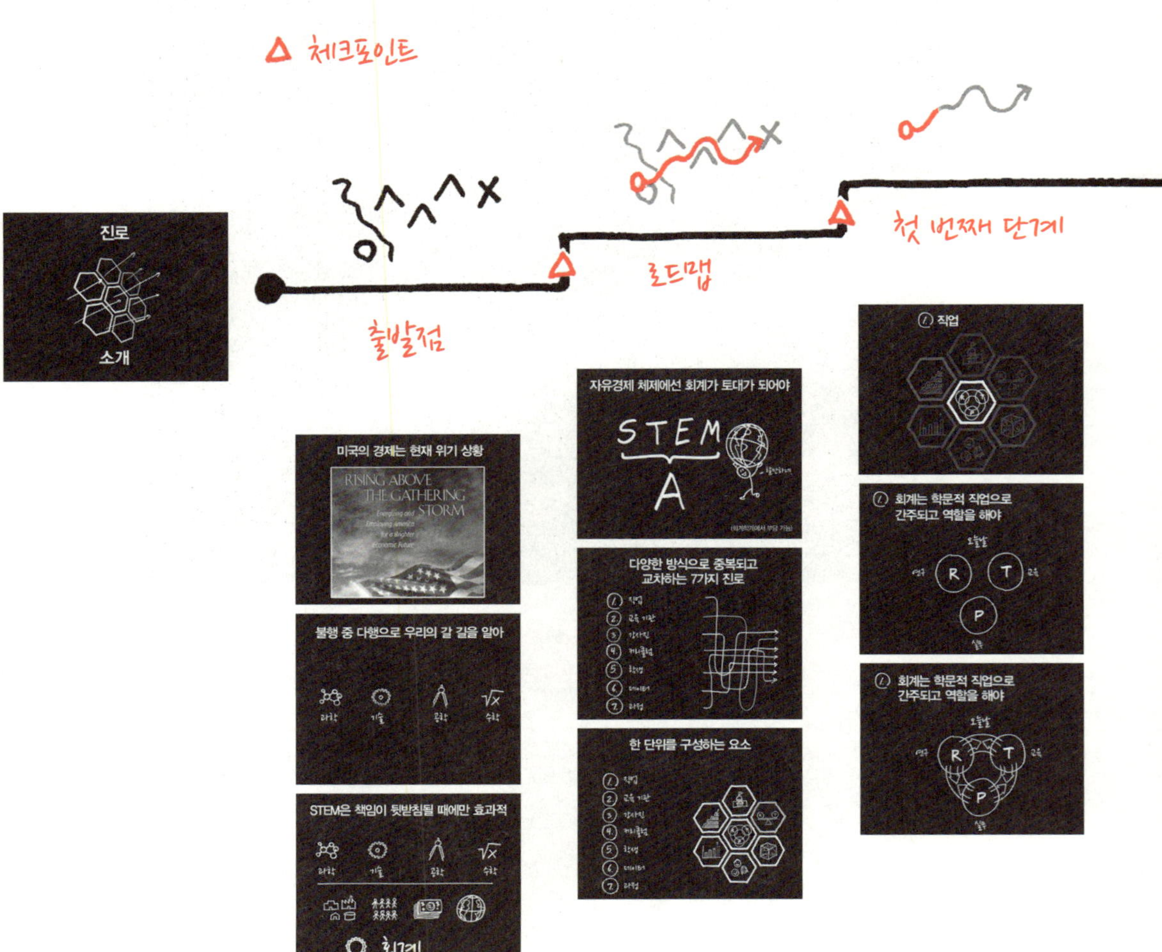

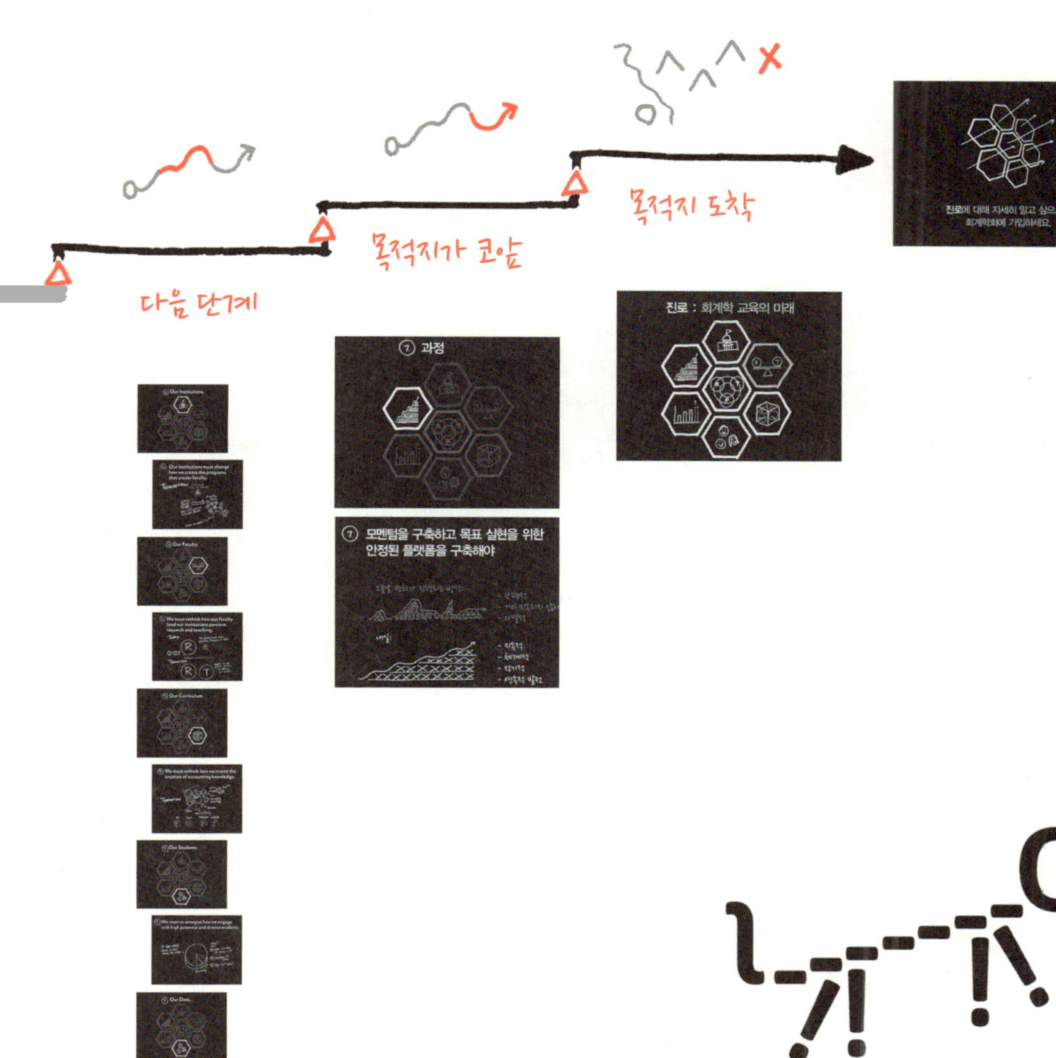
다음 단계
목적지가 코앞
목적지 도착
진로에 대해 자세히 알고 싶으시면
회계학회에 가입하세요.
진로 : 회계학 교육의 미래
과정
모멘텀을 구축하고 목표 실현을 위한
안정된 플랫폼을 구축해야

설명에 대한 점검 카드

1. 거짓 없는 **이야기**를 전했는가?
2. 청중이 알고 있는 **정보** 또는 **능력**을 바꿨는가?
3. 새로운 능력이 **실행**에 옮길 수 있을 만큼 직관적이며 바로 **적용**할 수 있을 만큼 실용적인가?

어떻게 되었는가?

향후 지원에 나설 수천 명의 회계 전문가들에게 '진로' 권장사항을 전하기 위해 실제로 작성했던 프레젠테이션이다. 136페이지 분량의 서면 자료를 30분 길이의 기억에 남는 하나의 프레젠테이션으로 압축했다. 이후 수십 명의 발표자를 통해 미국 전역에서 수백 번 발표되었다.

결과 : 반응이 대단히 뜨거웠다.

'설명'에 대한 생각 정리

지루한 주제란 없다.
지루한 가르침만 있을 뿐이다.
명료하게 전달하기만 하면 어떤 주제도 흥미로운 주제가 될 수 있다. 복잡한 내용을 간단한 여러 단계로 구분한 뒤 각 단계를 다시 결합하여 하나로 만들면 명료하게 전달할 수 있다.

'이해'는 최종 목표다.
이전에 이해하려고 애쓰던 내용이 갑자기 '이해' 되는 순간 커다란 초콜릿 케이크를 먹을 때와 같이 다량의 도파민이 분비된다. 복잡한 내용을 이해한 자신에게 주는 우리 뇌의 보상이라고 할 수 있다.

새로 발견한 내용을 소개하든 방법을 설명하든 설명 과정의 핵심은 동일하다.
청중이 각 단계를 이해하도록 돕고 자주 체크포인트를 사용하여 모두 잘 이해했는지 확인하면 대상이 누구이건 간에 어떠한 내용이든 설명할 수 있다.

가능하다면 보고보다는
설명하는 것이 좋다.
명료한 설명은 데이터를 유용하고 적용 가능한 지식으로 바꾼다. 또한 청중이 정보를 이해하고, 기억하고, 행동으로 옮길 수 있도록 돕는다.

스토리라인 3 : 권유

(덤벼드는 PUMA)

권유는 문제와 해결책을 제시하는 동시에 약간의 설득이 동반된다. "나를 설득해 봐!"
권유를 통해 우리는 청중의 **행동**을 바꾼다.

권유는 우리가 장애물을 넘도록 도와준다.

매장, 이사회, 고객 회의, 벤처 투자기업에서 이뤄지는 대부분의 프레젠테이션은 고객의 행동 변화를 목표로 한다. 즉 돈을 달라, 새로운 무언가를 사라, 아니면 다른 **행동**을 하라고 요청한다.

- 구매 권유
- 도그 앤 포니 쇼*
- 부드러운 권유
- 투자 요청
- 지원 요청
- 제품 출시

*도그 앤 포니 쇼(dog and pony show) : 주어진 과제를 수행하는 데 뛰어난 자질을 가지고 있음을 보여주기 위해 미리 계획된 설명회 등을 개최하는 것 또는 그러한 설명회.

권유를 제대로 하면…

바람직한 권유란 청중과 **공감대**를 형성하고 함께 인식하는 **공통의 문제**를 언급하는 것은 물론
문제를 해결, 축소하거나 건너뛸 수 있는 **새로운 해결책**을 제시하는 것이다.
우리의 권유가 설득력 있으면 청중은 우리의 아이디어를 구매하거나
우리가 원하는 행동을 취한다.

권유 : 하드볼 VS 소프트볼

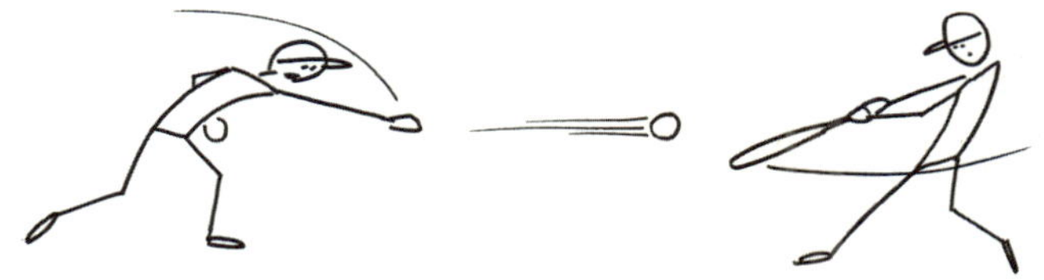

예전에는 하드볼식 권유를…

예전에는 권유가 자신이나 상대방이 서로 대립하는 구도로 이뤄졌다. 구매자와 판매자가 서로 반대 편에 서서 둘 중 한 사람만 이기는 싸움과 같았다.

하드볼식 권유는 문제가 많고 해결책이 제한적일 때 적절한 방법이나 경기가 끝난 후 한 팀은 패배 감을 맛봐야 한다는 단점이 있다.

지금은 소프트볼식 권유를…

오늘날의 권유는 다르다. 구매자와 판매자 모두 다양한 옵션을 지니고 있으며 서로 협력할 때 효율 성을 높일 수 있다.

소프트볼식 권유란 자신과 상대방이 같은 팀에 서서 함께 최고 점수 달성을 위해 협력함을 의미한 다. 경기가 끝난 후 모두 기분이 좋다.

모든 소프트볼식 권유에는 필수 요소가 다양한 방식으로 사용된다.

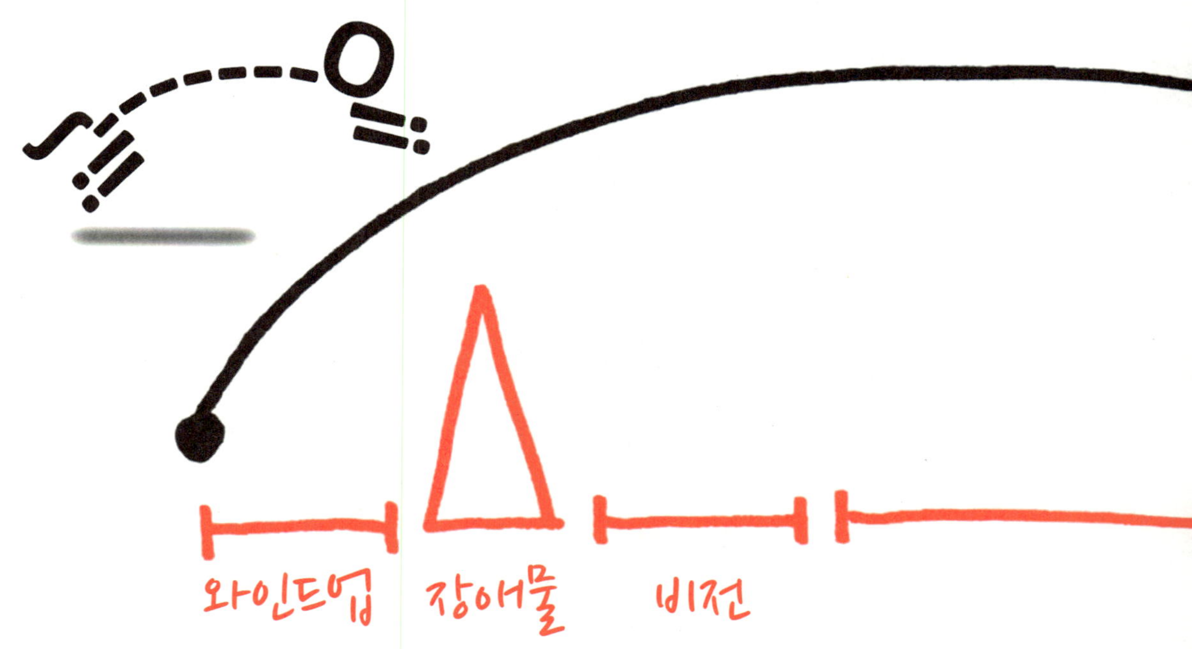

와인드업 :
현재 위치에 대한
간략한 소개로
시작한다.

장애물 :
우리 모두가 직면한
문제를 소개한다.

비전 :
문제를 극복하는 방법을
살짝 보여준다.

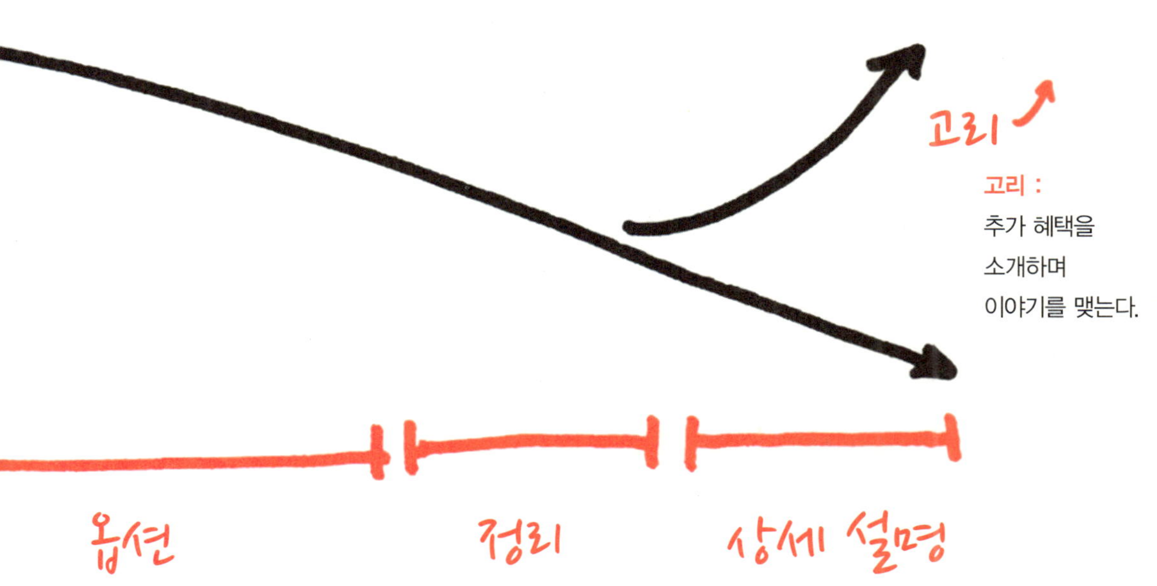

옵션 :

비전을 실현하는 2가지 방법을
소개한다. 이때 하나는 지루한
방법이고 다른 하나는 영감이
넘치는 방법이다.

정리 :

영감이 넘치는 방법이
진정한 의미에서 왜
유일한 옵션인지
설명한다.

상세 설명 :

청중이 흥미를 느끼면
유일한 옵션을 어떻게
실현할지 자세히
설명한다.

세 가지 예의 **권유** 스토리라인

칼루파 커피

와인드업 **(공감대 형성)**	우리 모두는 지금 기운이 넘치고 정신이 또렷하길 원한다.
장애물 **(공통의 문제)**	**모두 피곤하다.**
해결책 **(영감이 넘치는)**	따뜻한 칼루파 커피는 천국의 맛을 경험하게 해준다.
정리	**칼루파 커피를 구매하세요** **(와이파이도 무료로 사용할 수 있어요).**

저녁 영화 감상

모두 내가 행복하면서도 말 잘 듣
는 아이가 되길 원한다.

토요일 밤이다.

부모님이 편하기 쉬시는 동안
친구랑 극장에 가서 영화를 본다.

**에이미에게 전화하도록 허락해 주시고
60달러의 용돈을 주세요**
(전화는 제 휴대전화로 할게요).

휴대전화 그 이상

우리 모두 친구들과 연락하는 데에서
그치지 않고 재미있는 일을 하길 원한다.

휴대전화로는 부족하다.

휴대전화 + 음악 플레이어 + 모바일 인터넷

지금 바로 아이폰(iPhone)을 구매하세요
(약간 하드볼식 권유 성격이 있으나
스티브 잡스(Steve Jobs)가 했으니까).

실전 권유 : '몸에 좋은 약은 쓰다.'

시나리오 :

아이디어 : 의료 개혁이 현실이 되면서 의료 업계 체제 기저에 깔려 있는 인프라를 바꿔야 한다. 바꾸는 작업에는 비용이 많이 들지만 바꾸지 않을 경우 향후 성장을 따라잡을 수 없다.

우리 : 우리는 대형 의료 기업의 선임 기술 엔지니어다. 회사 운영에 필요한 컴퓨터 시스템을 설계하고 구축하는 작업을 한다.

청중 : 경영진이 우리 팀에 추가 지원을 하도록 설득해야 한다. 하지만 일일 환자 간호에 더 큰 비용을 할애하겠다고 발표한 상황이므로 쉽지는 않을 것이다. 다시 말해 큰 압박을 받고 있는 경영진에게 비싸지만 반드시 필요한 장기 개혁에 투자하도록 설득해야 한다.

힌트 : *설탕 한 스푼이 있으면 쓴 약도 먹을 만하다.*

인사

Show :

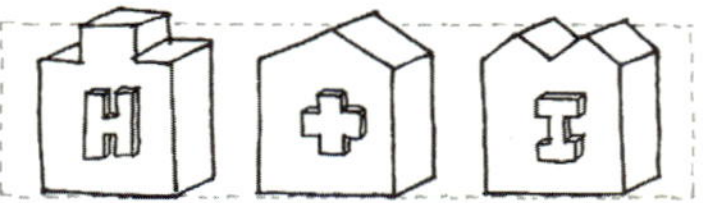

Tell : 안녕하세요. 오늘 통합 데이터 전략의 필요성에 대해 저희 팀의 생각을 함께
공유할 수 있게 되어 기쁘게 생각합니다.

Show :

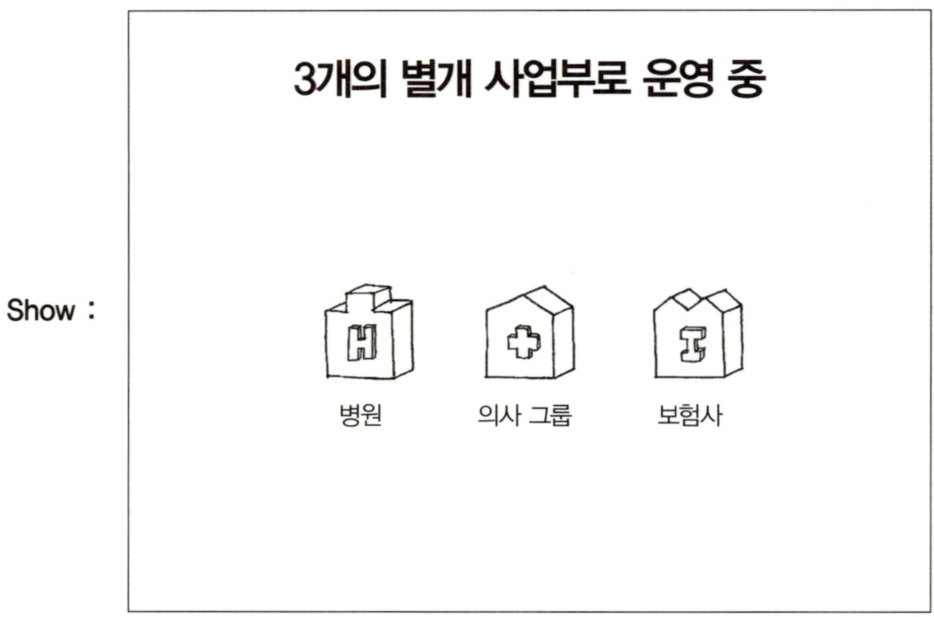

Tell : 현재 우리 회사는 병원, 의사 그룹, 보험사, 이렇게 3개의 별도 사업부로 운영되고 있습니다.

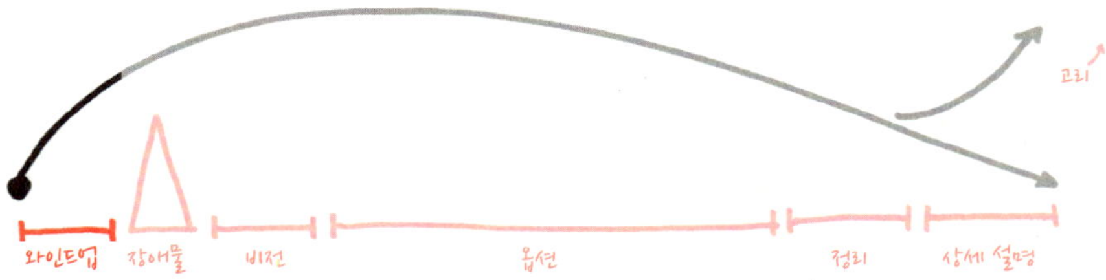

와인드업

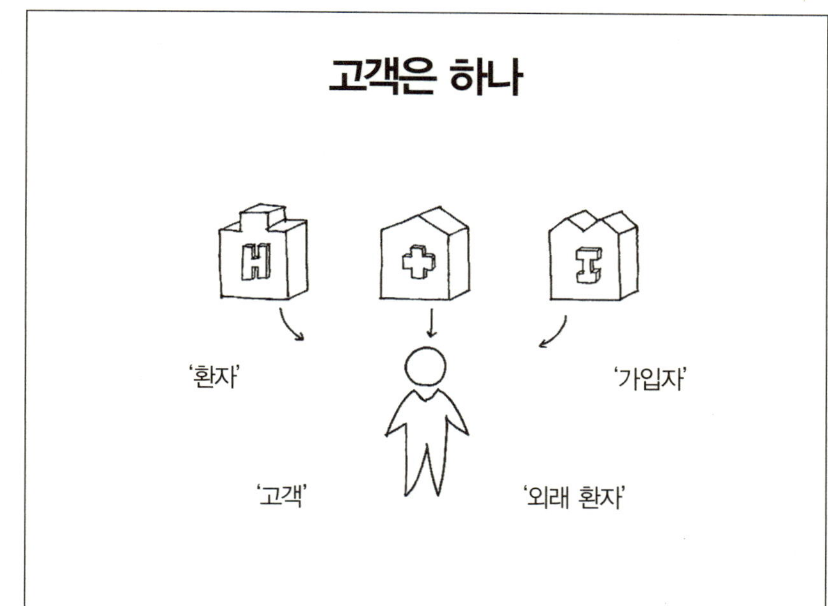

Show :

Tell : 하지만 고객은 하나입니다. 단지 사업부에 따라서 '손님', '환자', '가입자' 라고
다르게 지칭할 뿐입니다.

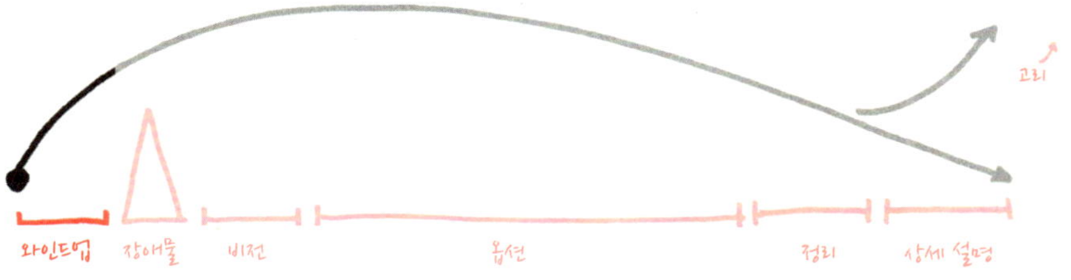

와인드업(계속)

Show :

Tell : 우리가 수집하는 데이터를 토대로 보면 고객은 동일하나 보는 방식이 약간
다른 것으로 나타났습니다.

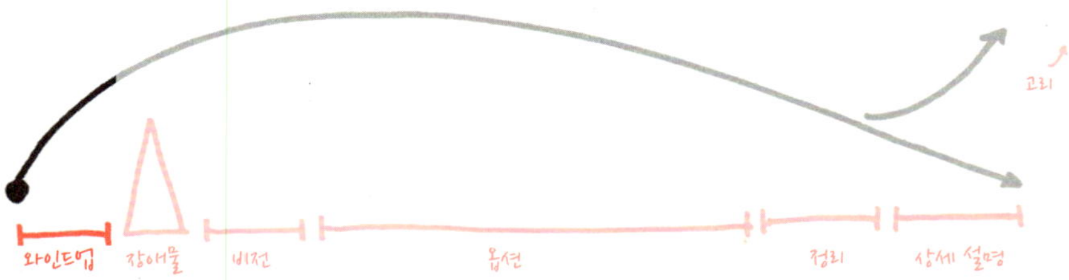

장애물

Show :

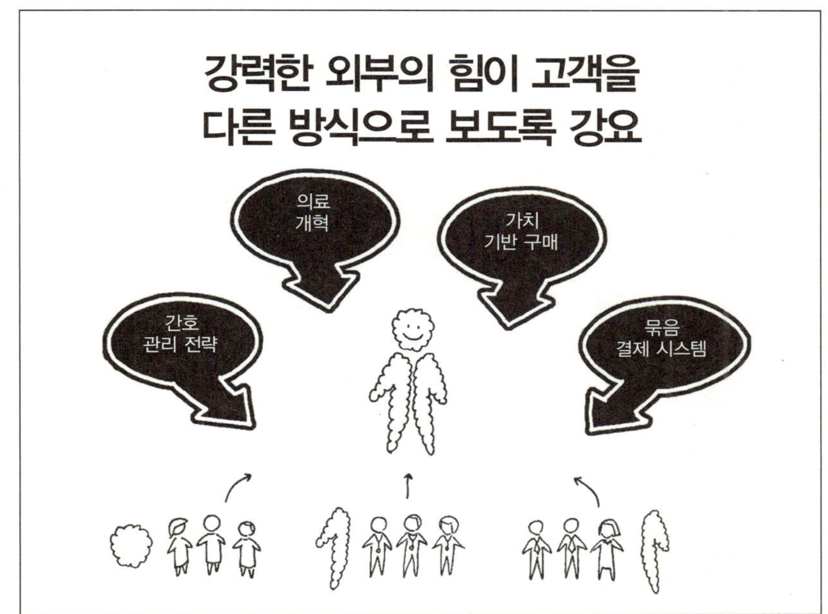

Tell : 하지만 더 이상 이런 방식은 통하지 않습니다. 새로운 결제 시스템을 위한
의료 개혁이라는 강력한 외부 세력이 고객을 다른 방식으로 보도록 강요하고 있습니다.

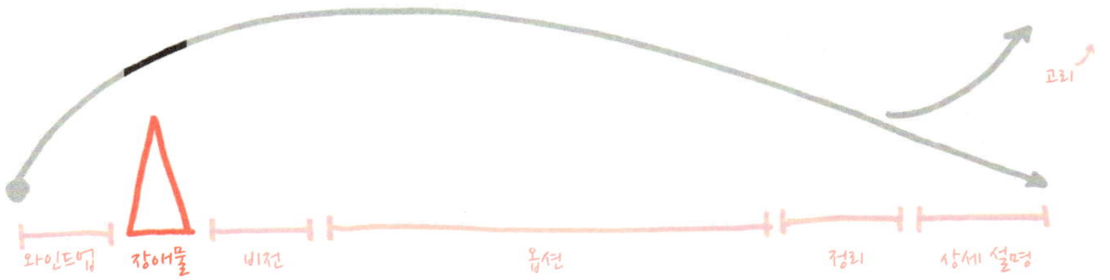

비전

Show :

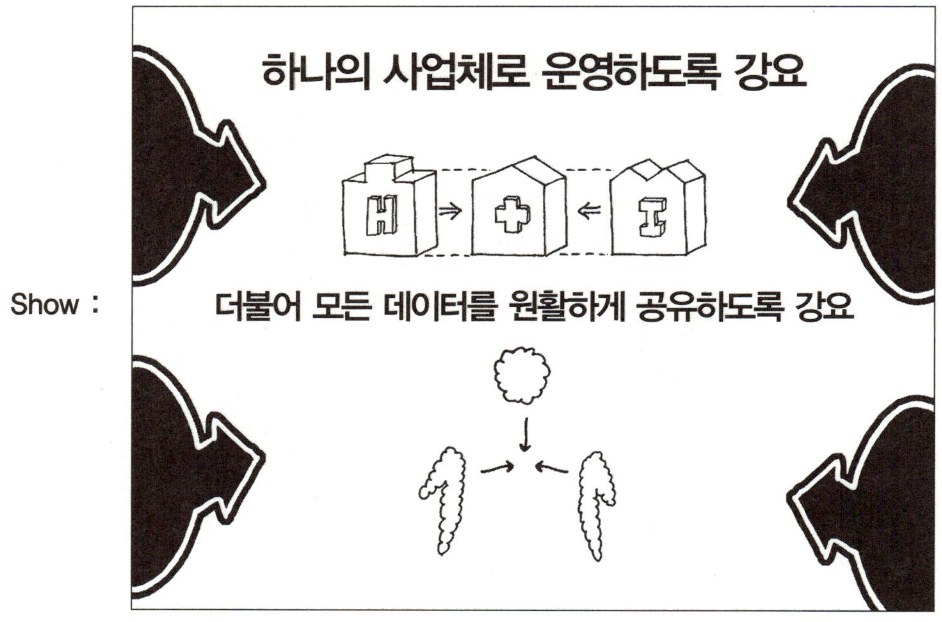

Tell : 이런 외부 세력이 지니는 의미는 2가지가 있습니다. 첫째, 하나의 사업체처럼 운영해야 합니다. 둘째, 고객 데이터를 원활하게 공유해야 합니다.

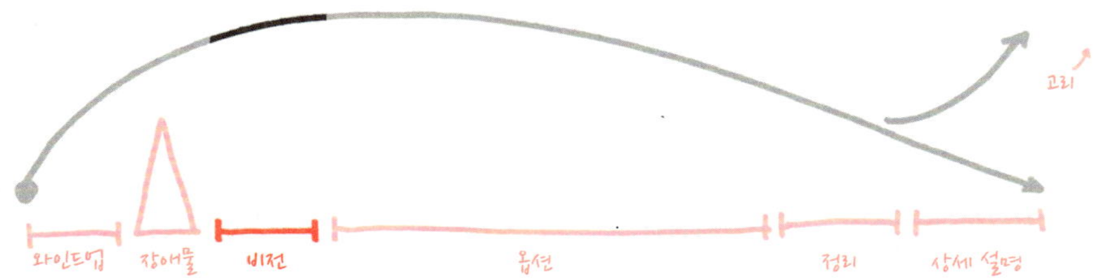

옵션

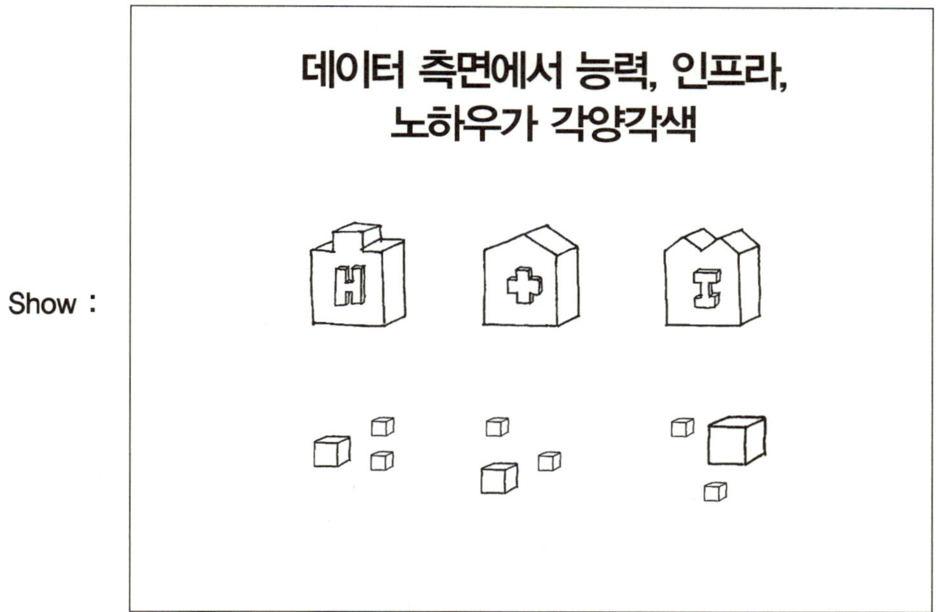

Show :

Tell : 데이터 측면에서 각 사업체는 어느 정도의 전문성, 능력, 통찰력을 지니고
있으나 모두 제각각입니다.

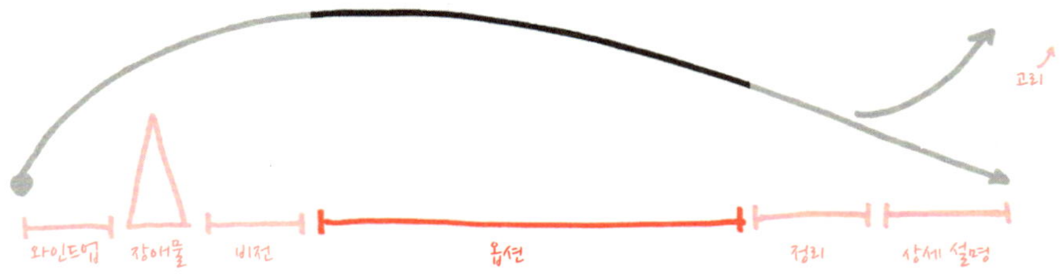

가능한 옵션

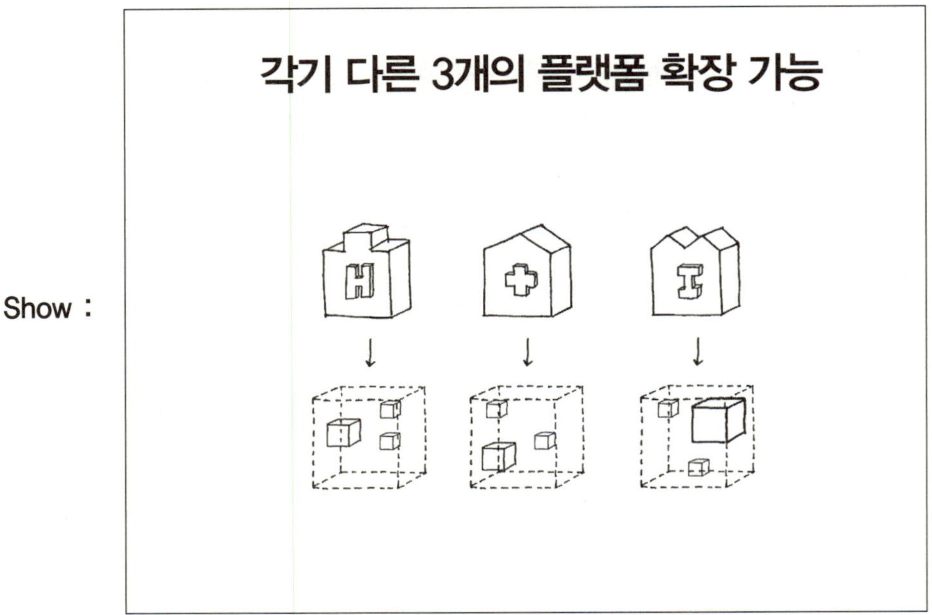

Tell : 우리에게 주어진 한 가지 옵션은 각 사업부가 자신만의 고객 데이터 시스템을
구축하도록 지원하는 것입니다.

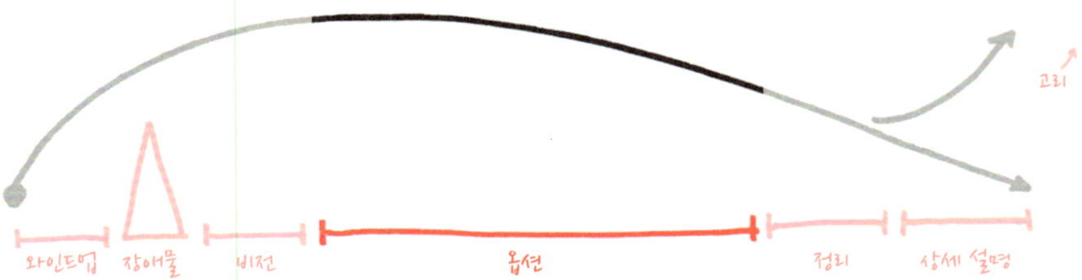

더 나은 옵션

Show :

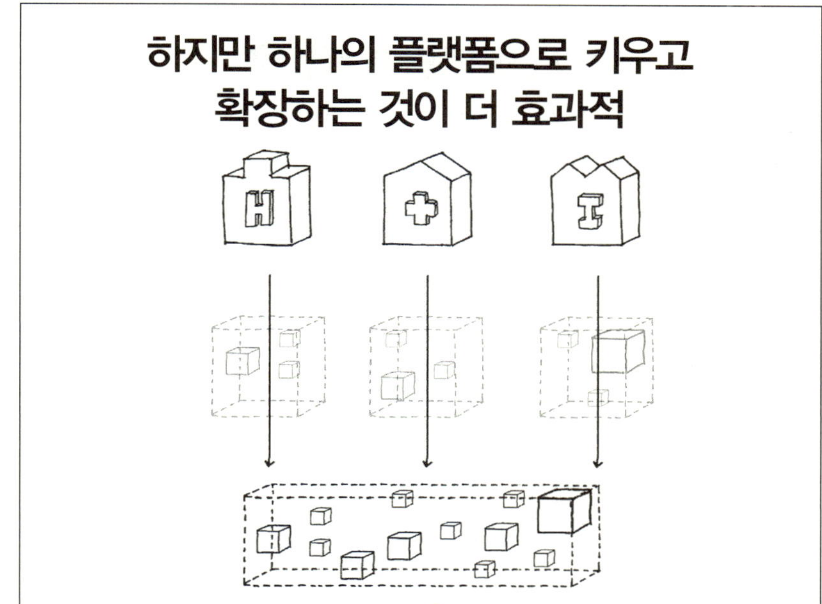

Tell : 하지만 더 나은 옵션이 있습니다. 바로 사업체가 힘을 모아 하나의 완벽한
데이터 시스템을 구축하여 필요한 정보에 액세스하도록 지원하는 것입니다.

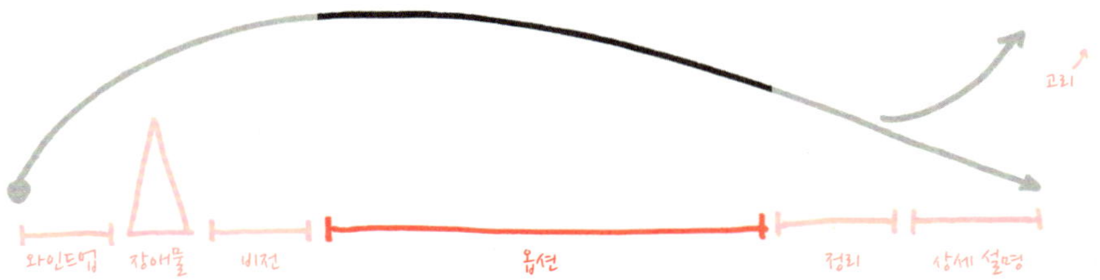

정리

이를 위해서는 4가지 요소를 고려해야 합니다. **첫째**, 각 사업체의 요구사항, **둘째**, 각 직원의 요구사항, **셋째**, 각 비즈니스 프로세스, **넷째**, 공유 플랫폼입니다.

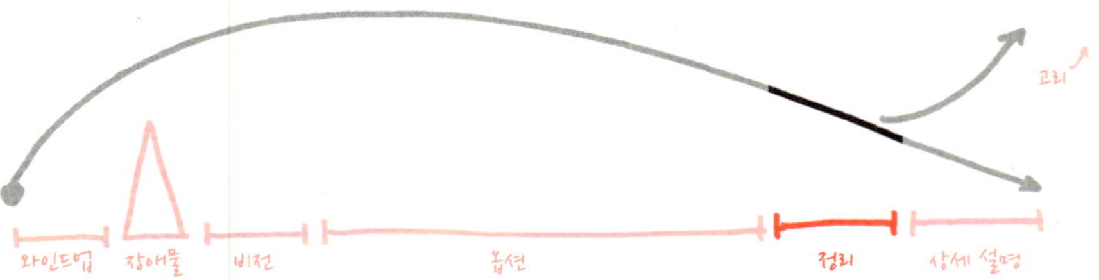

정리

Show : 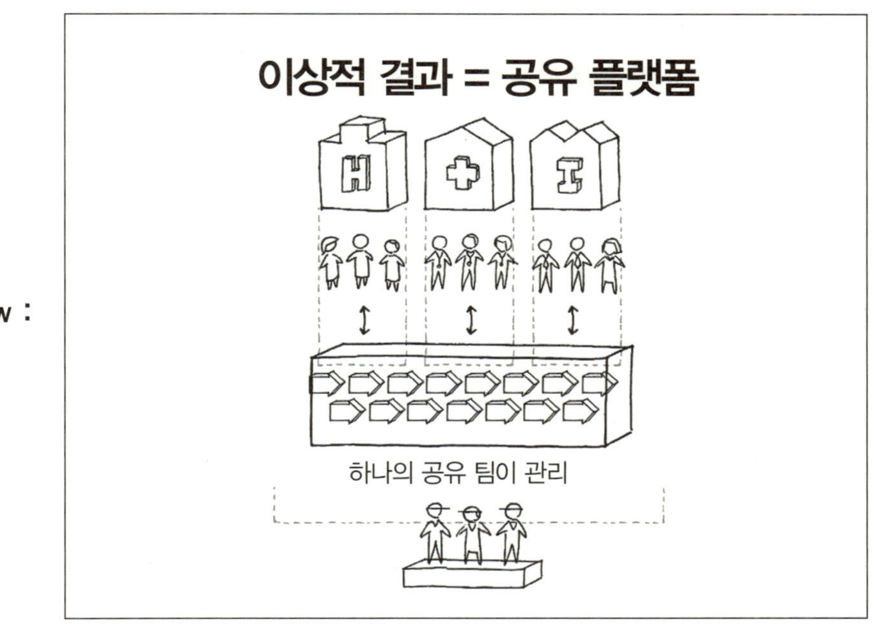

Tell : 이를 하나로 모으면 특별한 결과를 얻을 수 있습니다. 바로 모두가 액세스할 수 있으면서도 소규모 공유 팀이 관리하는 단일 중앙 데이터 시스템입니다.

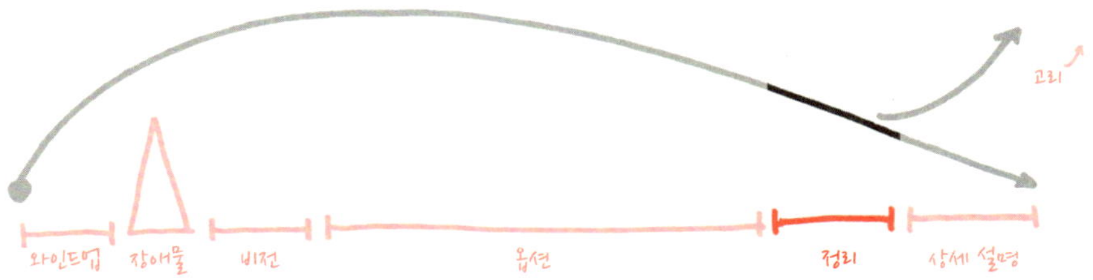

상세 설명

Show :

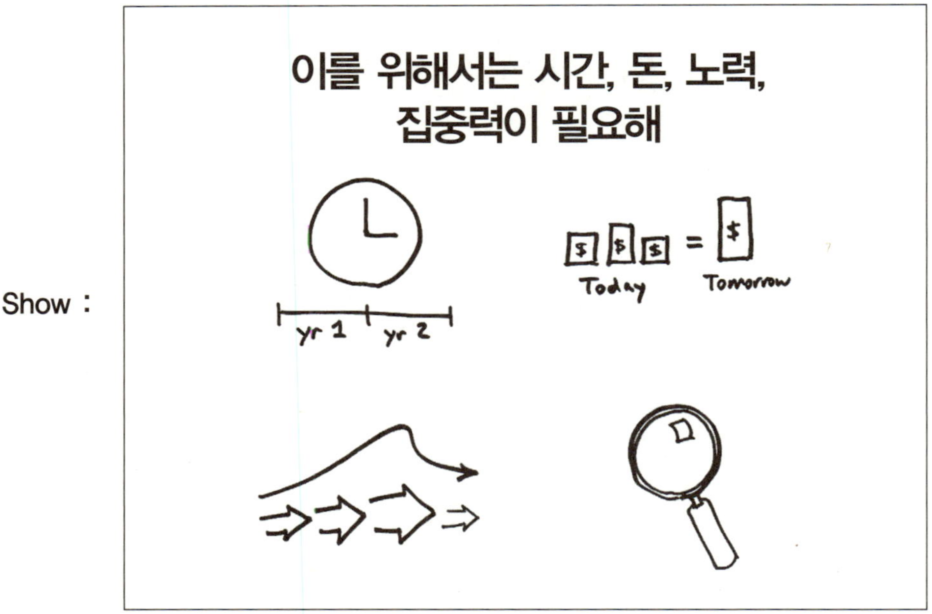

Tell : 이를 실현하려면 2년 동안 땀을 흘리고 많은 돈을 투자해야 합니다.
하지만 그 이후 성장과 절약을 통해 비용을 회수할 수 있습니다.

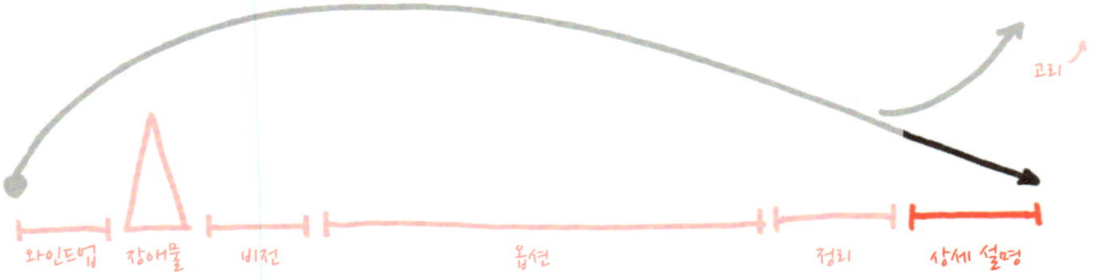

고리

Show :

Tell : 지금 이를 행동으로 옮기면 국내 최초로 미래의 의료를 맞이할 준비를 마친
기업이 될 수 있습니다. 감사합니다.

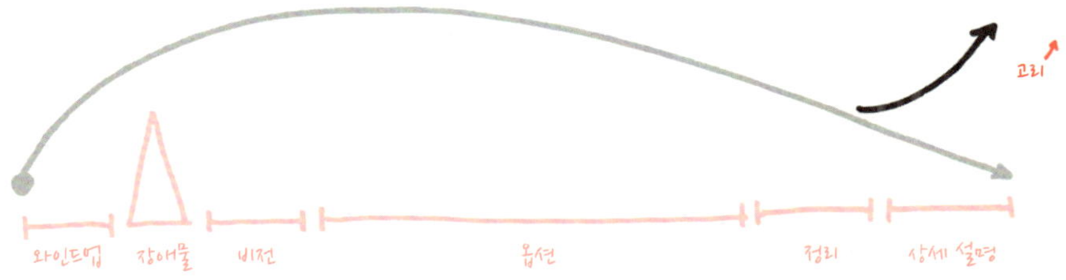

전체 프레젠테이션 맵
권유 스토리라인

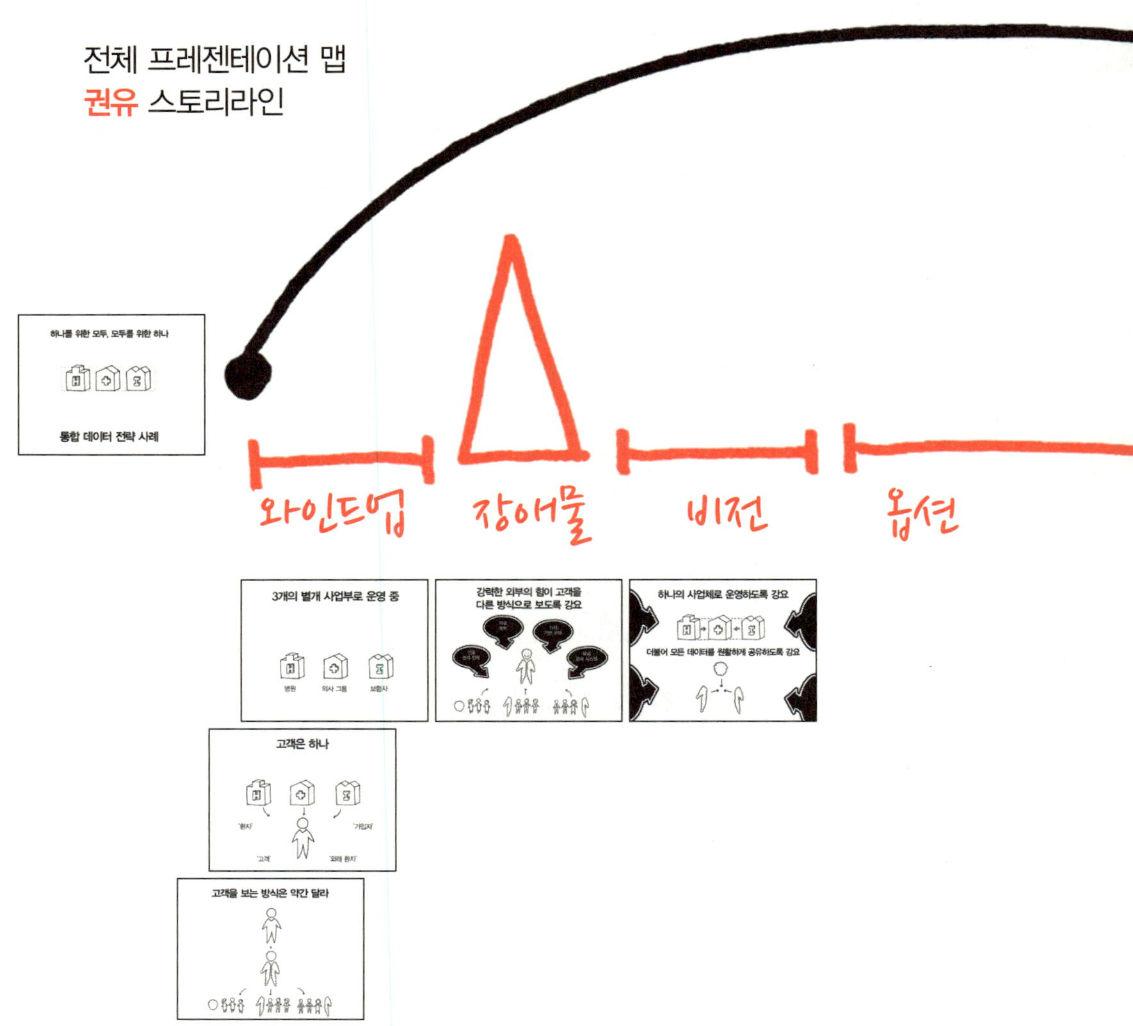

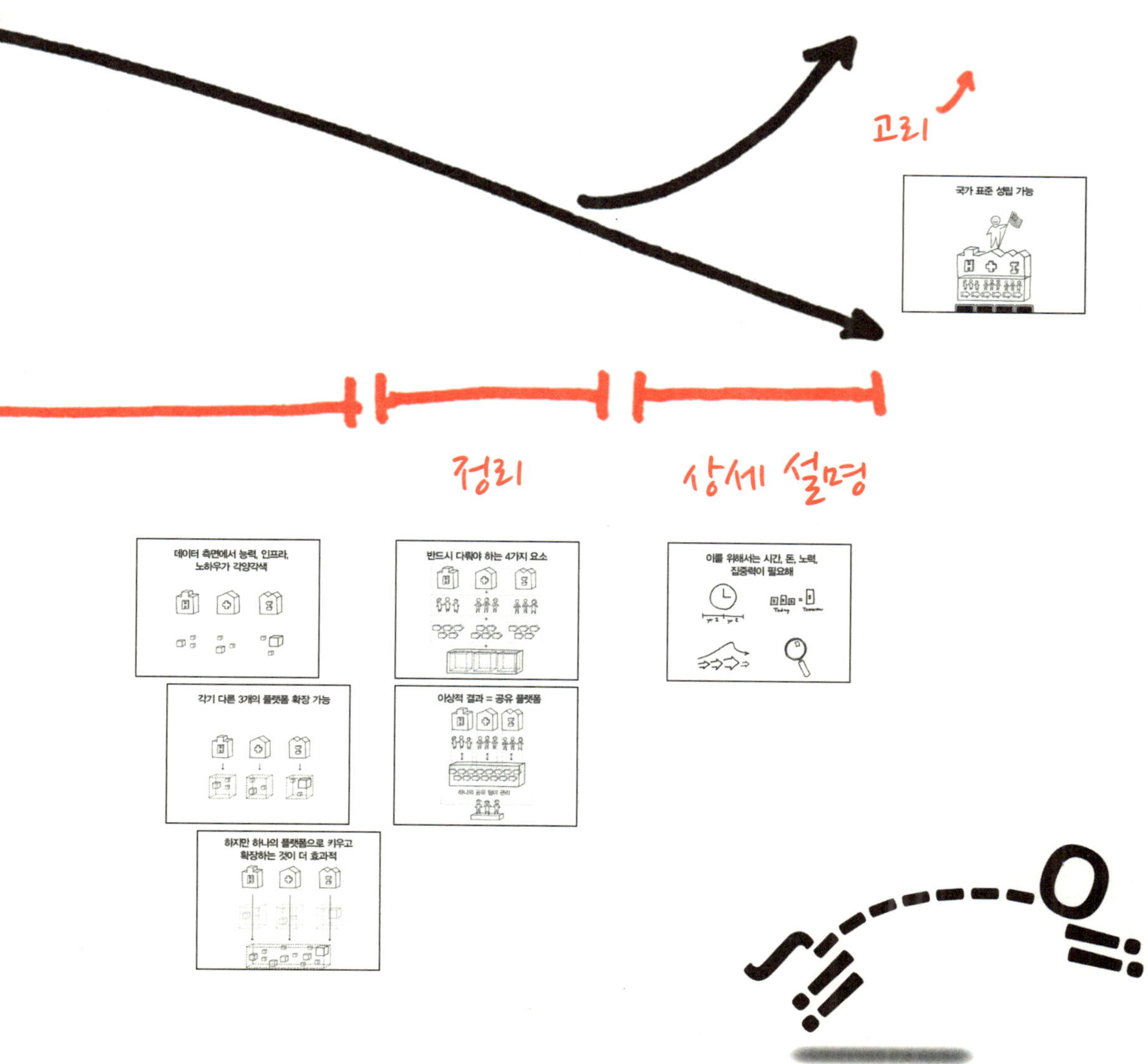
고리
정리
상세 설명
국가 표준 성립 가능
데이터 측면에서 능력, 인프라, 노하우가 각양각색
반드시 다뤄야 하는 4가지 요소
이를 위해서는 시간, 돈, 노력, 집중력이 필요해
각기 다른 3개의 플랫폼 확장 가능
이상적 결과 = 공유 플랫폼
하지만 하나의 플랫폼으로 키우고 확장하는 것이 더 효과적

권유에 대한 점검 카드

1. 거짓 없는 **이야기**를 전했는가?
2. 청중의 **행동**을 바꿨는가?
3. **우리**와 **청중** 모두에게 유익한 새로운 행동인가?

어떻게 되었는가?

실제 이러한 문제를 직면한 의료 기관과 함께 구성한 프레젠테이션을 압축한 버전이다.
처음에 평이한 보고 형식으로 했던 프레젠테이션으로는 문제의 긴박성과 제안 해결책의 명료성을
제대로 전달하지 못했기에 이러한 버전으로 새롭게 구성했다.
결과 : 다시 수정한 '권유' 버전 덕분에 공유 데이터 플랫폼 테스트 프로그램에 대한 수백만 달러
규모의 투자를 확보했다.

'권유'에 대한 생각 정리

소프트볼식 권유의 핵심은 청중과의 공감대 형성이다.

모든 권유의 핵심은 청중이 새로운 무언가를 시도하게 만드는 것이다. 하지만 대부분의 경우 진짜로 '새로운' 것을 원하는 사람은 거의 없다. 그렇기에 먼저 문제가 있다는 사실을 인지하게 하고, 그 문제를 나와 청중이 공유하고 있다는 사실을 알려야 한다. 이런 이유에서 문제에 대해 잘 모르는 사람이 해결책을 팔기란 거의 불가능하다. 문제를 모르는 사람이 이야기를 하면 청중은 사실을 이야기하고 있지 않다는 것을 금방 눈치 챈다.

만약 해결책을 판매하고 싶다면 먼저 문제가 무엇인지 정확하게 알아야 한다.

모든 프레젠테이션이 무언가를 '판매' 하지만 권유는 대놓고 판매한다.

모든 프레젠테이션은 어떤 형태로든 '판매' 한다. 보고는 새로운 정보를 '판매' 하고, 설명은 새로운 능력을 '판매' 하고, 드라마는 감정을 '판매' 한다. 하지만 '판매' 를 직접적인 목적으로 하는 것은 다름 아닌 권유이며, 권유에서는 그렇게 해도 된다. 왜 그럴까?

우리는 무언가를 판매하려고 하고 청중도 그 사실을 알기 때문이다. 대놓고 판매를 하려 하더라도 청중은 크게 신경 쓰지 않는다. 오히려 적극적으로 가세하는 경우도 있다.

(뛰어오르는 PUMA)

드라마는 우리를 여정으로 이끈다. "먼저 우리를 울게 하고, 다시 웃게 한다." **드라마**를 통해 우리는 청중의 **신념**을 바꾼다.

드라마는 우리의 마음을 울렸다 달래준다.

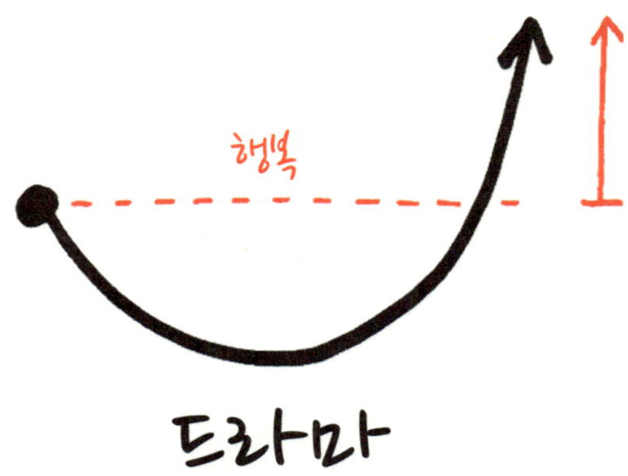

콘퍼런스 키노트, 교회 설교, 테드 토크, 캠프파이어에 둘러앉아 하는 이야기 등의 대부분은 청중의 신념을 바꾸는 데에 목적이 있다. 다시 말해 청중이 세상을 다른 눈으로 보고, 더 나은 사람이 되고, 더 넓은 포용력과 이해력을 갖게 만드는 것이다.

- 완벽한 콘퍼런스 키노트
- 테드 토크의 90%
- 영성 부흥회
- 개인 여행담
- 잘 전달된 슬픈 소식
- 잊지 못하도록 전달된 좋은 소식

드라마는 모험, 신화다.
그리고 인생에 중요한 교훈이 담겨 있다.

드라마는 모든 프레젠테이션의 조상이다. 그리스 신화,
힌두 우파니샤드, 아프리카 전설, 성경 등 모두 누군가 다른
사람에게 이야기를 전하면서 시작되었다.

비록 각각의 이야기는 다르지만 2가지 공통점이 있다.
모두 **진실**을 이야기하며 하나의 전통적인 **구조**를 따른다.

역사학자 조세프 캠벨(Joseph Campbell)은 전 세계 신화에서 공통된 구조를 찾아냈다.
그는 이를 '영웅의 여정(Hero's Journey)'이라고 부르며, 간단한 그림으로 묘사했다.

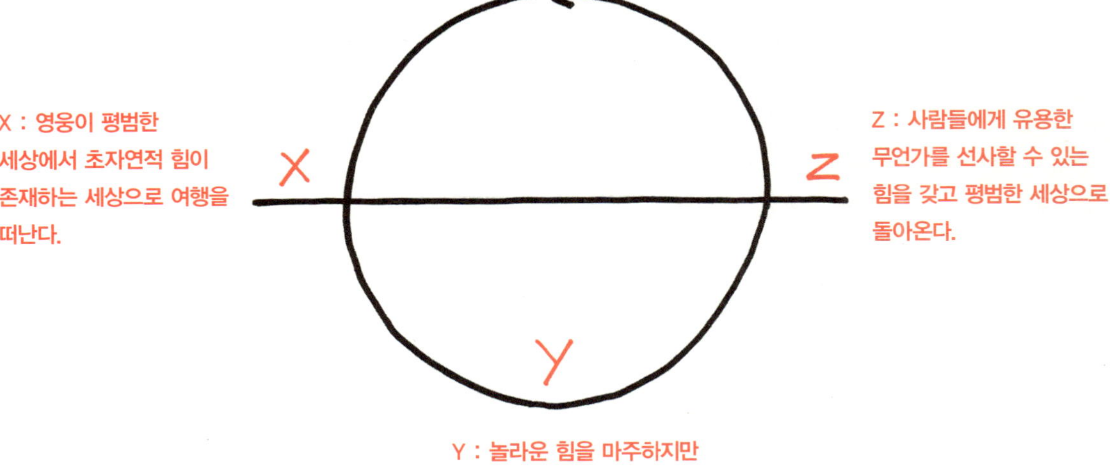

드라마에 진실이 담겨 있고 전통적인 구조를 따른다면 관객의 마음은 움직일 수밖에 없다.

훌륭한 드라마의 전통적인 구조
단순한 스토리라인 :

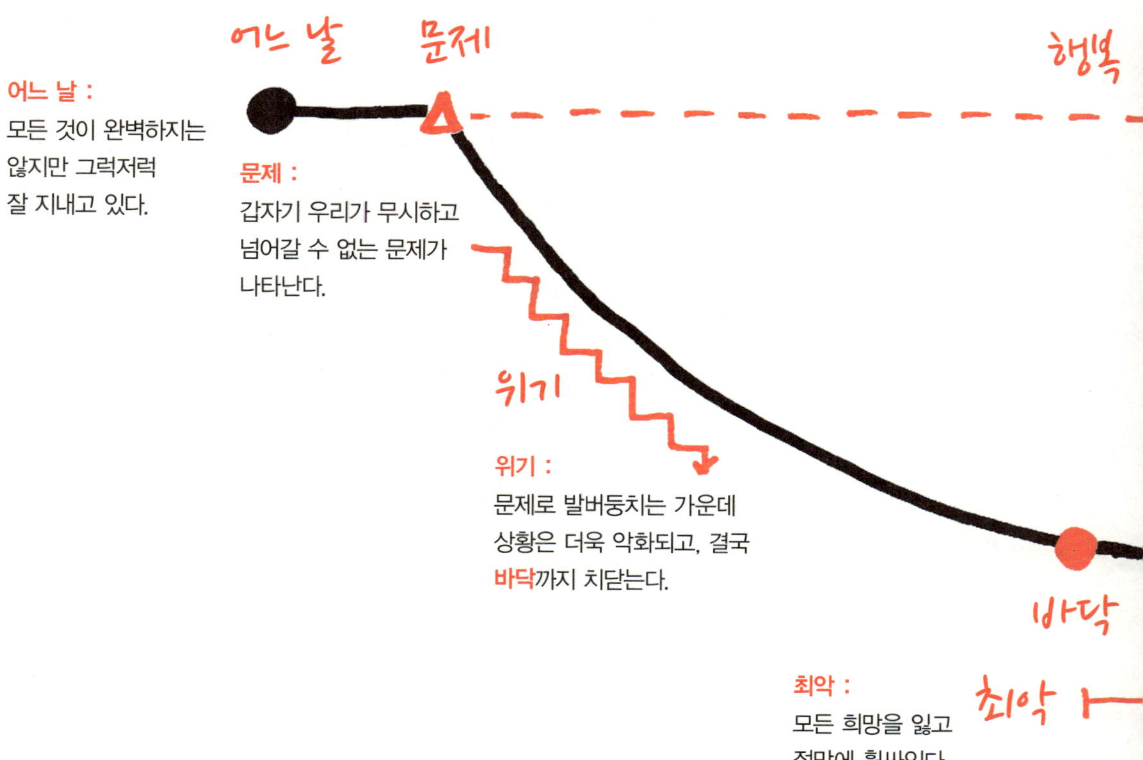

어느 날 :
모든 것이 완벽하지는
않지만 그럭저럭
잘 지내고 있다.

문제 :
갑자기 우리가 무시하고
넘어갈 수 없는 문제가
나타난다.

위기 :
문제로 발버둥치는 가운데
상황은 더욱 악화되고, 결국
바닥까지 치닫는다.

최악 :
모든 희망을 잃고
절망에 휩싸인다.

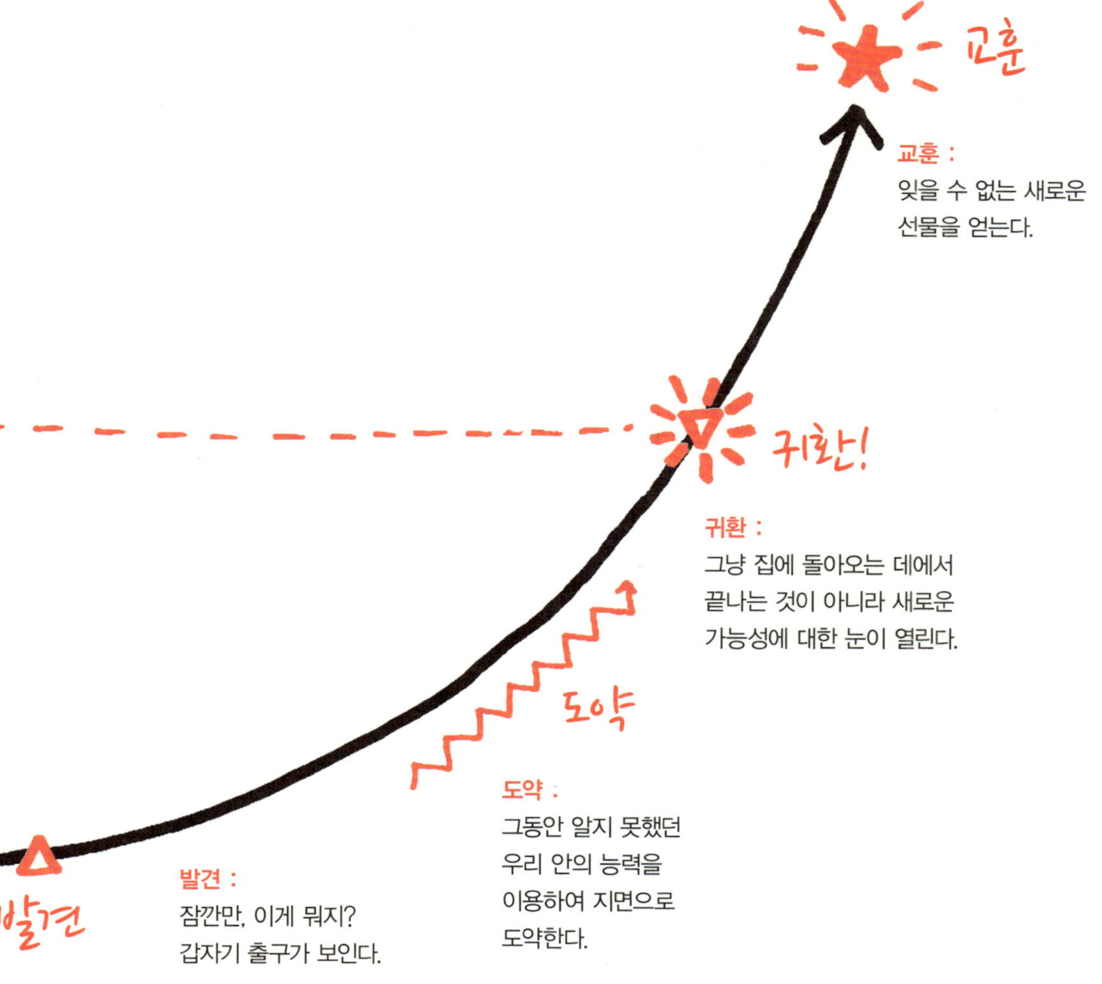
교훈
교훈 :
잊을 수 없는 새로운
선물을 얻는다.
귀환!
귀환 :
그냥 집에 돌아오는 데에서
끝나는 것이 아니라 새로운
가능성에 대한 눈이 열린다.
도약
도약 :
그동안 알지 못했던
우리 안의 능력을
이용하여 지면으로
도약한다.
발견
발견 :
잠깐만, 이게 뭐지?
갑자기 출구가 보인다.

세 가지 예의 **드라마** 스토리라인

빨간 모자

어느 날	빨간 모자가 바구니를 들고 할머니 댁으로 향한다.
문제	숲이 어둡고 음산하다.
위기	할머니 어디 계세요? 할머니 이가 왜 그렇게 커요?
발견 & 귀환	사냥꾼이 늑대를 죽이고 빨간 모자와 할머니가 다시 만났다.

영웅 사장

질 볼트 테일러의 열반*

회사가 그럭저럭 양호하게 운영되었다.	신경 과학자로의 삶을 영위하고 있었다.
시장이 침체되었다.	**뇌졸중으로 심신이 쇠약해졌다.**
회사가 파산하고, 직원들이 줄줄이 정리해고되고, 상품에 대한 시장의 반응은 차가웠다.	기억을 잃고, 말하기도 어려워졌다. 그녀는 자신이 죽어간다는 사실을 알고 있었다.
사장이 새로운 틈새시장을 발견하고 자신의 돈을 투자한 결과 월스트리트 저널의 표지를 장식했다.	**8년 후 그녀는 열반을 경험하며 어떻게 살아야 하는지 깨달았다.**

*출처: 테드 토크(TED Talk) 2008년 인기 에피소드로 테드 '드라마' 의 기준이 되었다.

실전 드라마 :
'우주선 밖으로'(실화)

시나리오

아이디어 : 10년 전 모스크바에 있을 때 최초로 우주를 걸은 사람을 만났다. 그의 이름은 알렉세이 레오노프(Alexei Leonov)이며, 40여 년 전 경험한 놀라운 이야기를 들려줬다.

나(실제 경험담) : 대학에서 생물학과 미술을 공부했다. 졸업 후 그래픽 디자이너로 활동하며 세계 곳곳을 방문하게 되었는데 그중 러시아에도 가게 되었다.

청중 : 지난해 대학교 졸업생 모금 행사에서 영감을 줄 만한 과학이나 미술 관련 이야기를 해달라는 요청을 받았다. 그때 미술과 과학 모두와 관련이 있다고 생각하여 알렉세이의 이야기를 하기로 마음먹었다. 그전에는 한 번도 공개적으로 이 이야기를 한 적이 없다.

바로 그때 했던 프레젠테이션이다.

힌트 : 숨을 깊이 들이쉬고 눈을 감고…

인사

Show :

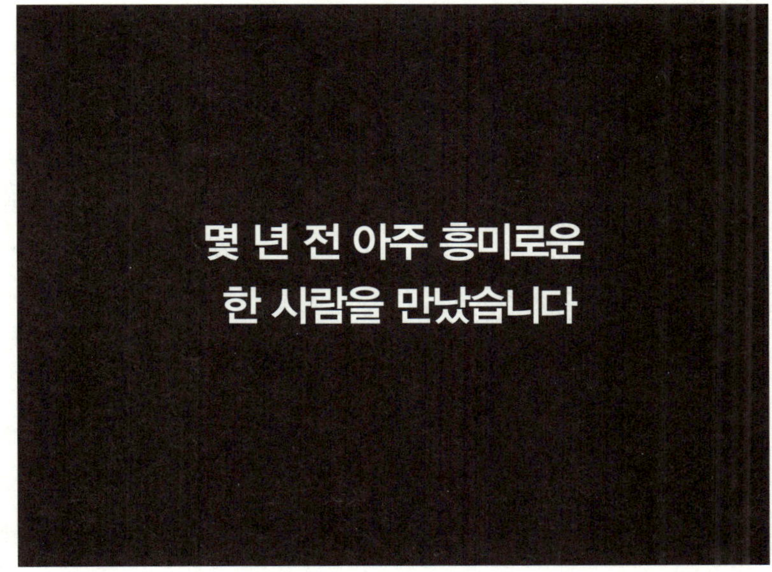

Tell :   몇 년 전 러시아를 여행하던 중 아주 흥미로운 한 사람을 만났습니다.
오후 내내 이야기를 나누는 동안 그는 40여 년 전에 그에게 있었던 놀라운
이야기를 들려줬습니다.

어느 날

Show :

Tell : 훈련받은 과학자 겸 비행사인 그는 그림 그리는 걸 좋아했습니다.

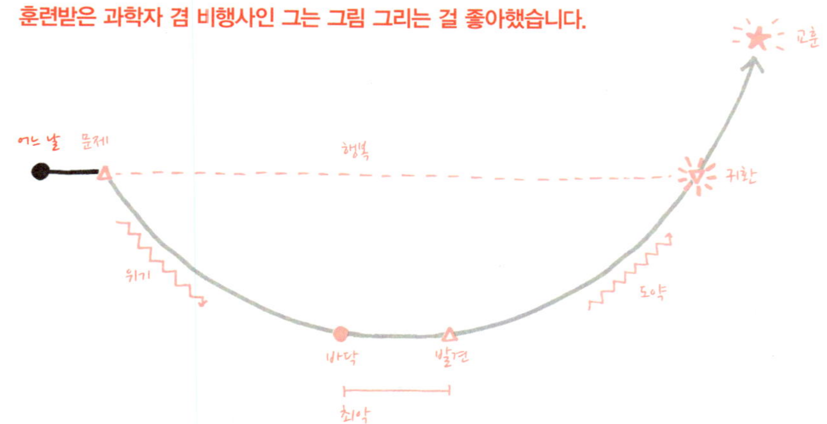

어느 날

Show :

Tell : 하지만 그림 그리기는 그에게 취미에 불과했습니다. 그는 소련 우주 기지의
알렉세이 레오노프 소령이었으니까요.

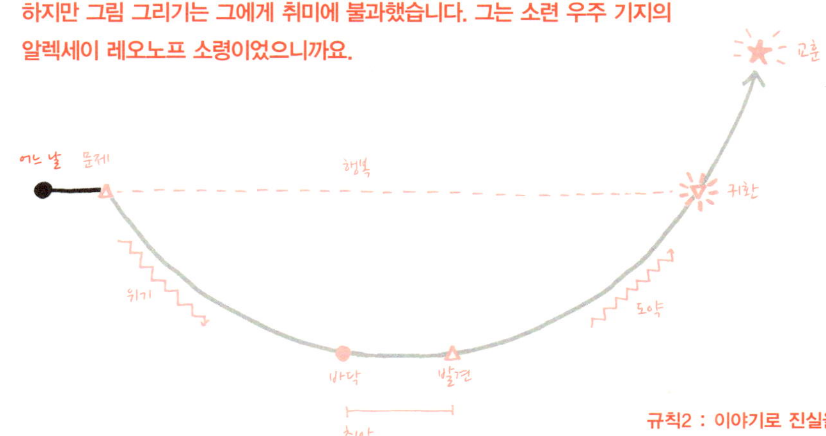

문제

Show :

Tell : 우주 경쟁 열기가 정점에 달했을 때 알렉세이는 이전에 시도된 적 없는
대담하면서도 위험한 우주 비행에 합류하게 되었습니다.

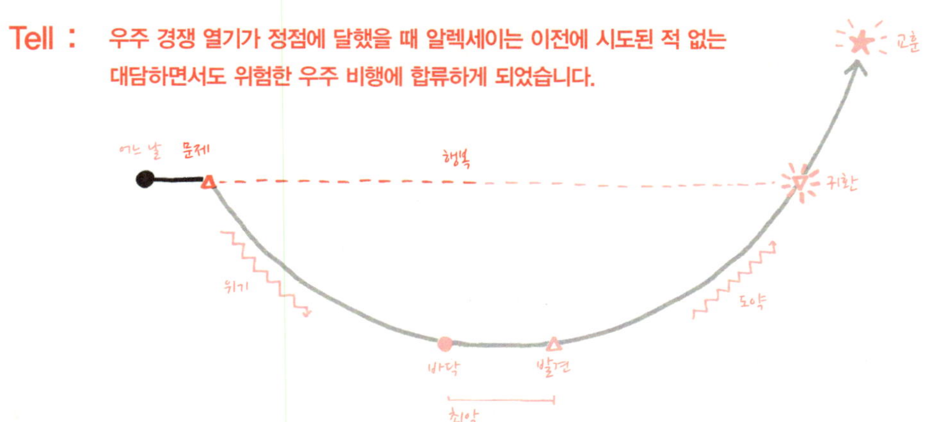

문제

Show :

Tell : 1965년 3월 8일 아침, 알렉세이는 소련의 바리코누르 기밀 우주 기지에서
발사된 우주선에 몸을 실었습니다.

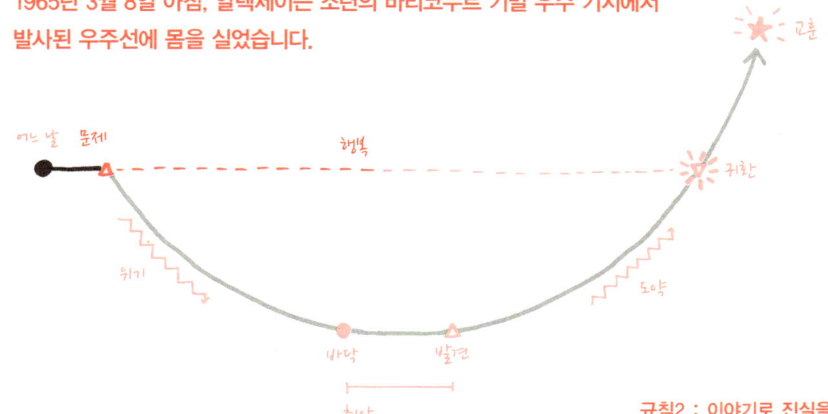

위기

Show :

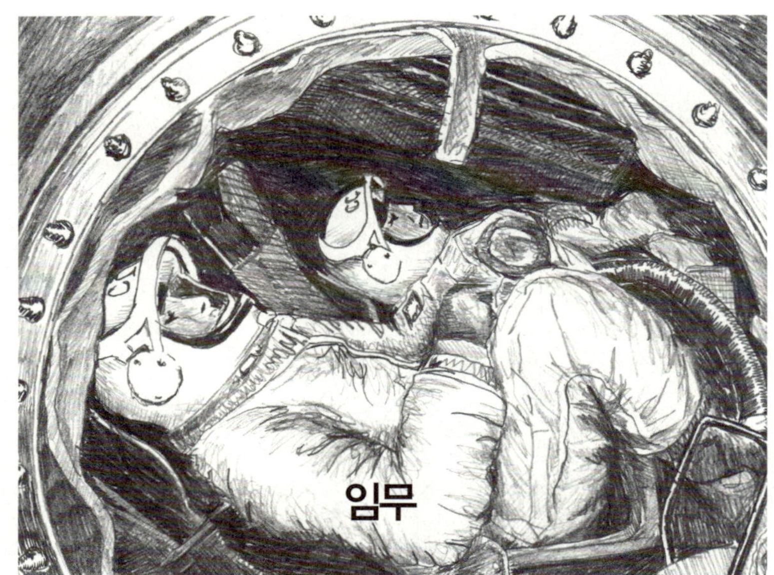

 우주선을 지휘하는 파벨 벨리야예프 소령과 함께한 알렉세이의 임무는 우주
선 밖으로 나가 우주를 경험하는 것이었습니다. 이는 역사상 최초로 인간이
우주를 걸은 사건이었습니다.

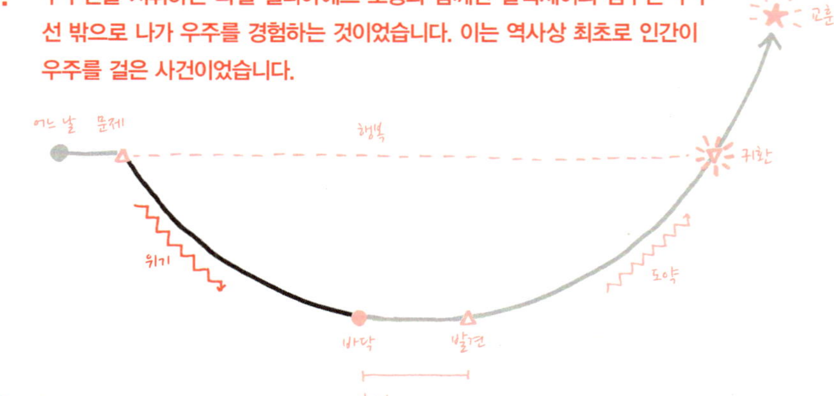

위기

Show :

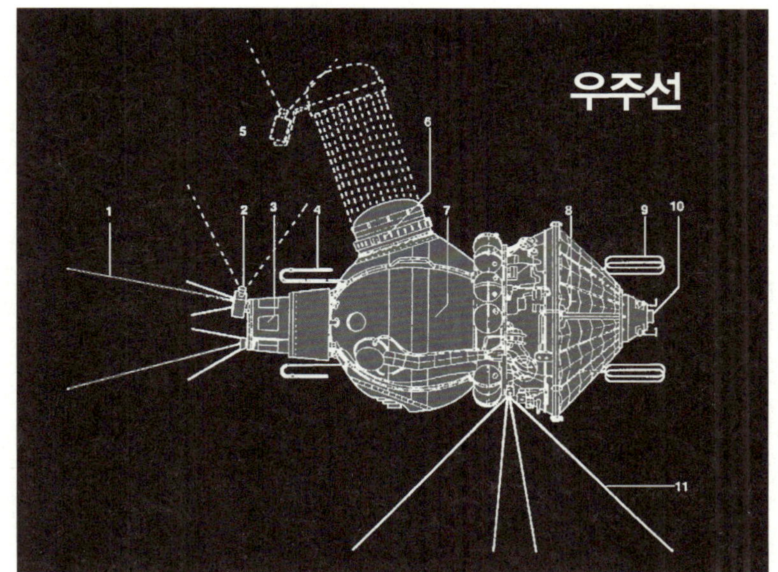

 우주선의 설계는 안정적이었으나 이미 구식이었고, 서둘러 우주 비행을 해야
할 필요가 있었기에 다소 급조된 부분이 있었습니다.

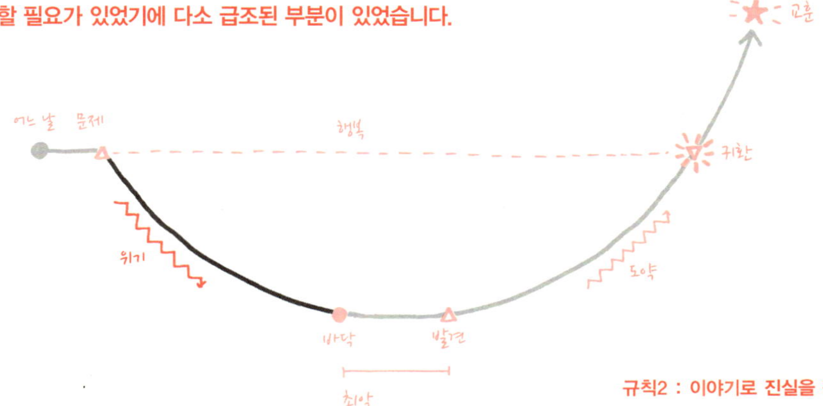

진실의 순간

Show :

Tell : 발사 3시간 후, 알렉세이는 마지막으로 우주복의 기압 성능을 점검하고는
우주선 밖으로 나갔습니다.

놀라운 순간이…

Show :

Tell : 알렉세이는 눈앞에 펼쳐진 광경에 감격했습니다. 그리고 아래에는 지구가 모습을 드러냈고, 마치 손을 뻗으면 닿을 듯 가까워 보였습니다.

재앙으로

Show :

Tell : 하지만 감격도 잠깐이었습니다. 몇 초 후, 알렉세이는 우주복이 지나치게
팽창하고 있다는 사실을 깨달았습니다.
"마치 미쉐린 타이어의 캐릭터처럼 말이죠."

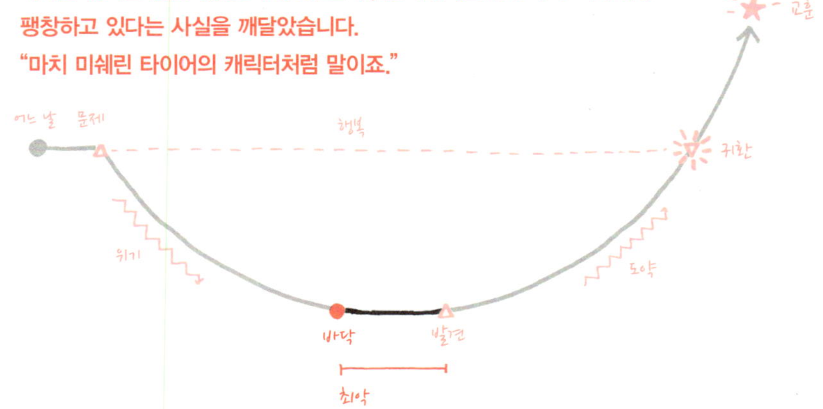

재앙으로

Show :

Tell : 우주복이 부풀어 오르자 알렉세이는 과학적 임무를 포기하고 살기 위해
노력했습니다. 하지만 우주복을 제어할 수 없는 상황에서는 우주선으로
돌아갈 수 없었습니다.

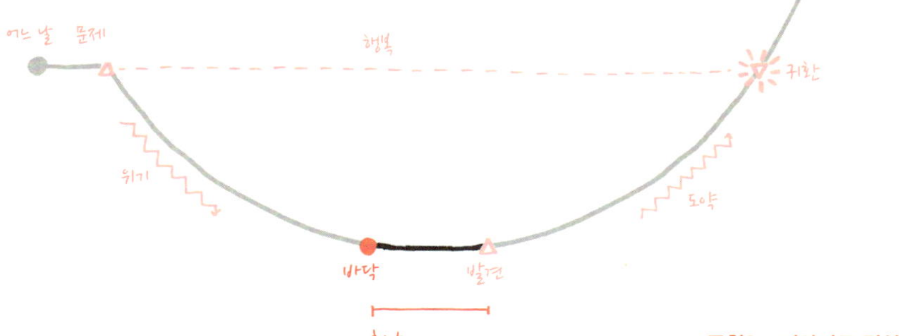

끝이구나

Show :

눈을 감았죠.

Tell : 그리고 그는 이렇게 말했습니다. "다 끝났다고 생각하고 눈을 감았죠."

어느 날 문제
행복
귀환
교훈
위기
도약
바닥
발견
최악

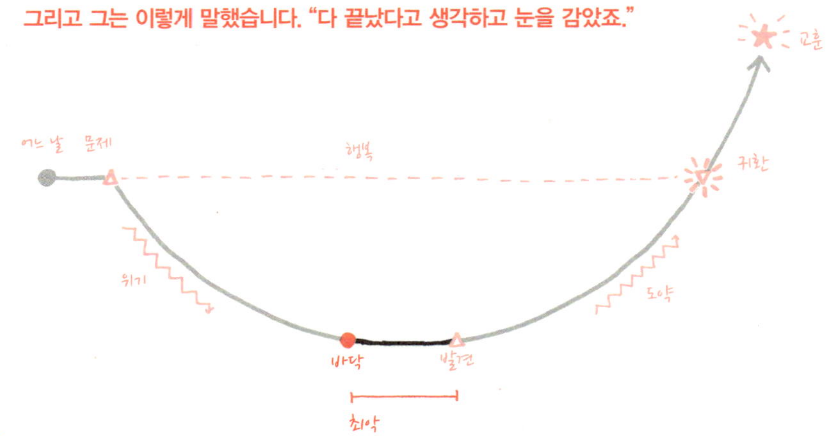

바닥

Show :

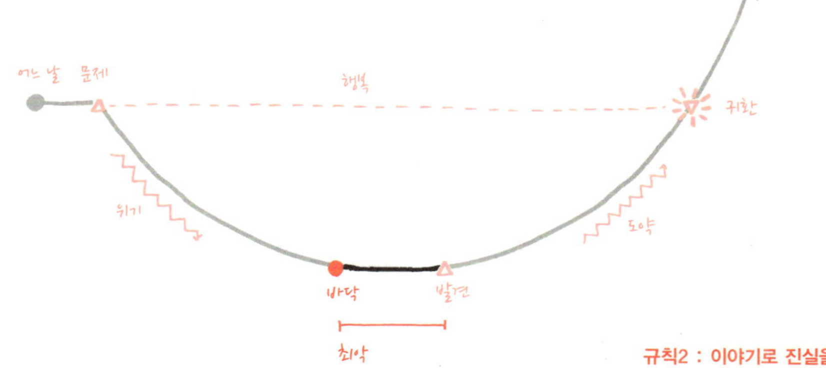

Tell : "이제 죽겠구나."

발견

Show :

Tell : 하지만 그 순간 마음의 눈에 실낱같은 희망의 빛이 비쳤습니다.
이전에 테스트해 본 적도 없고 논의된 적도 없는 방법이 떠올랐습니다.

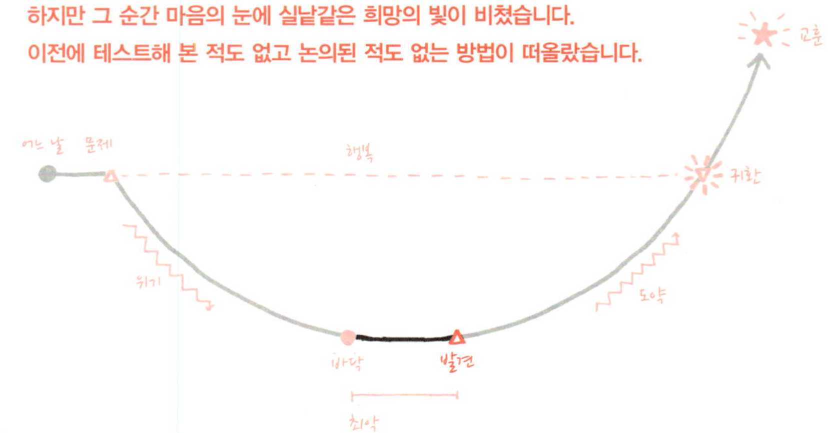

발견

Show :

Tell : 알렉세이는 제게 이야기를 들려다가 갑자기 펜을 들더니
그림을 그리기 시작했습니다.

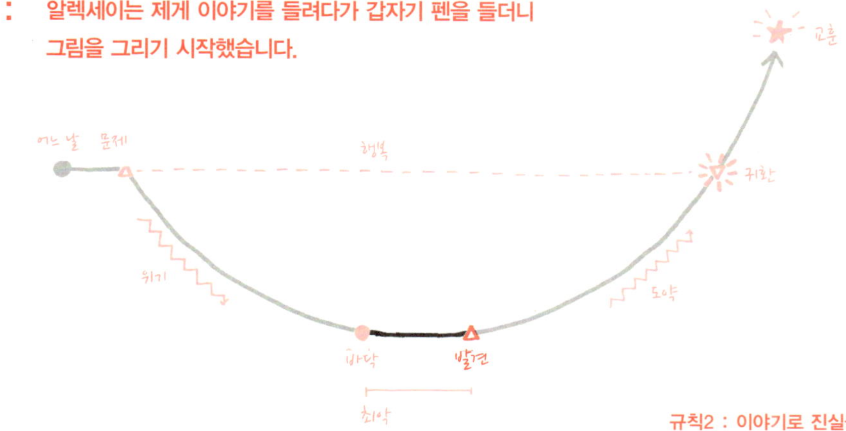

Show :

Tell : "제 우주복이 너무 풍선같이 부풀어서 이 상태로는 에어록 도어를 통과할 수 없다는 사실을 알고 있었죠. 당시 에어록 도어도 보이지 않았고요. 일단 우주복에서 공기를 빼야겠다고 생각했어요. 하지만 공기를 빼는 순간 제가 죽을 수도 있었죠."

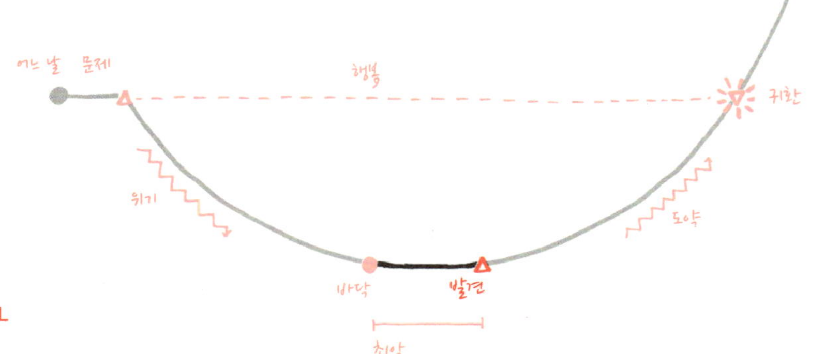

도약

Show :

Tell : "그때 우주복에 있는 압력 밸브가 뇌리를 스쳤어요. 압력 밸브는 지상에서만
사용하는 게 원칙이지만 '꼭 그렇게만 하라는 법 있어?' 라는 생각이 들더라고요."

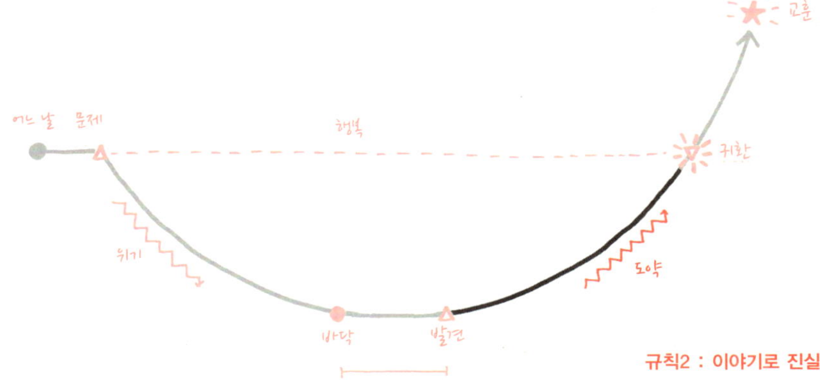

도약(계속)

Show :

Tell : "통제 센터에는 아무 말도 하지 않았어요. 말해 봤자 안 된다고 할 게 뻔했거든요. 손을 힘겹게 아래로 내려서 밸브를 돌렸어요. 그러자 우주복에 있던 공기가 우주로 빠져나갔어요."

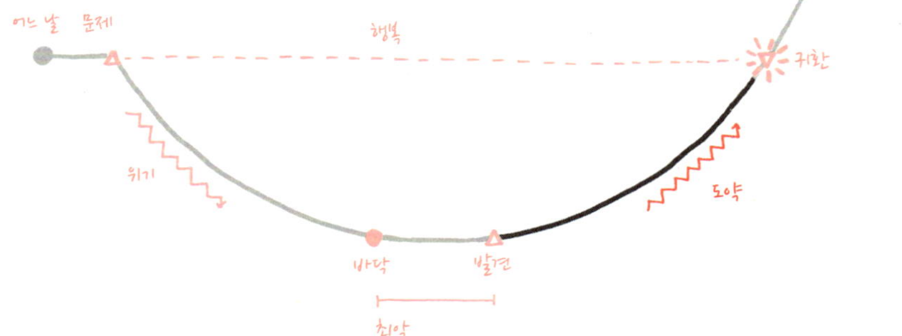

귀환

Show :

Tell : "효과가 있었어요. 우주복의 부피가 줄었고 바로 우주선 입구로 들어갔어요.
어떻게든 출입구로 들어가 몸을 돌리고 우주선에 발을 디뎠어요."

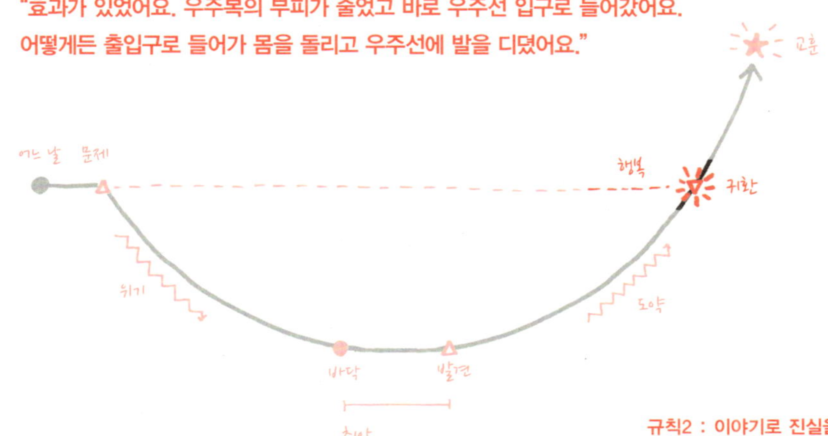

귀환(계속)

Show :

Tell : "파벨이 제 발을 잡아 우주선 안쪽으로 끌어당겼어요. 그리고 우리는 지구로 무사히 돌아왔죠." 당시 타임지에서 알렉세이의 모험담을 커버스토리로 다뤘습니다. 하지만 그가 죽음의 문턱에 얼마나 가까이 다녀왔는지는 아무도 모릅니다.

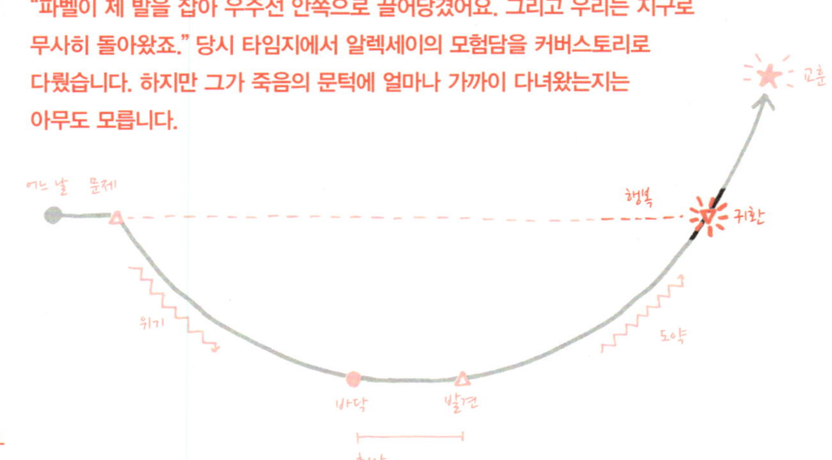

교훈

Show :

Tell : 알렉세이는 당시 배운 교훈을 들려줬습니다.
"댄, 절대 포기하지 마세요. 계속 살펴보면 출구는 보이게 마련이에요."

전체 프레젠테이션 맵
'드라마' 스토리라인 :

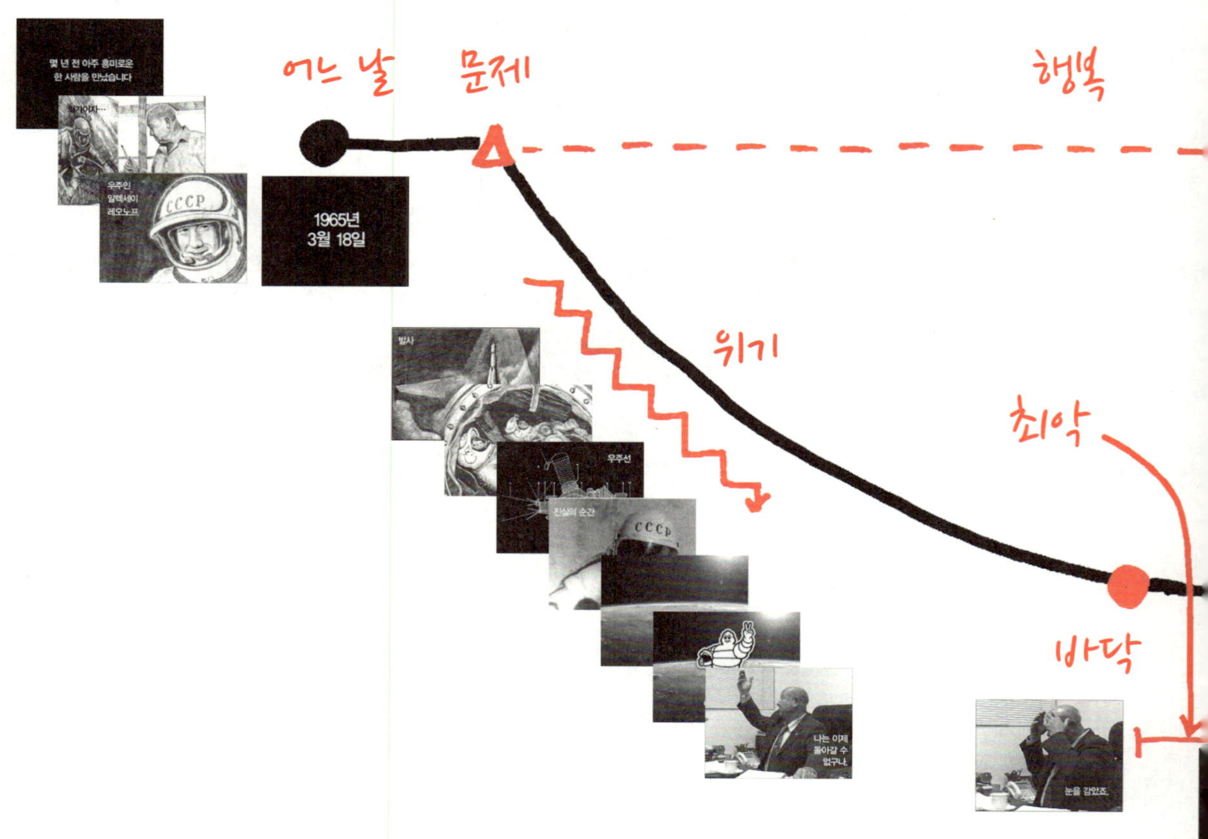

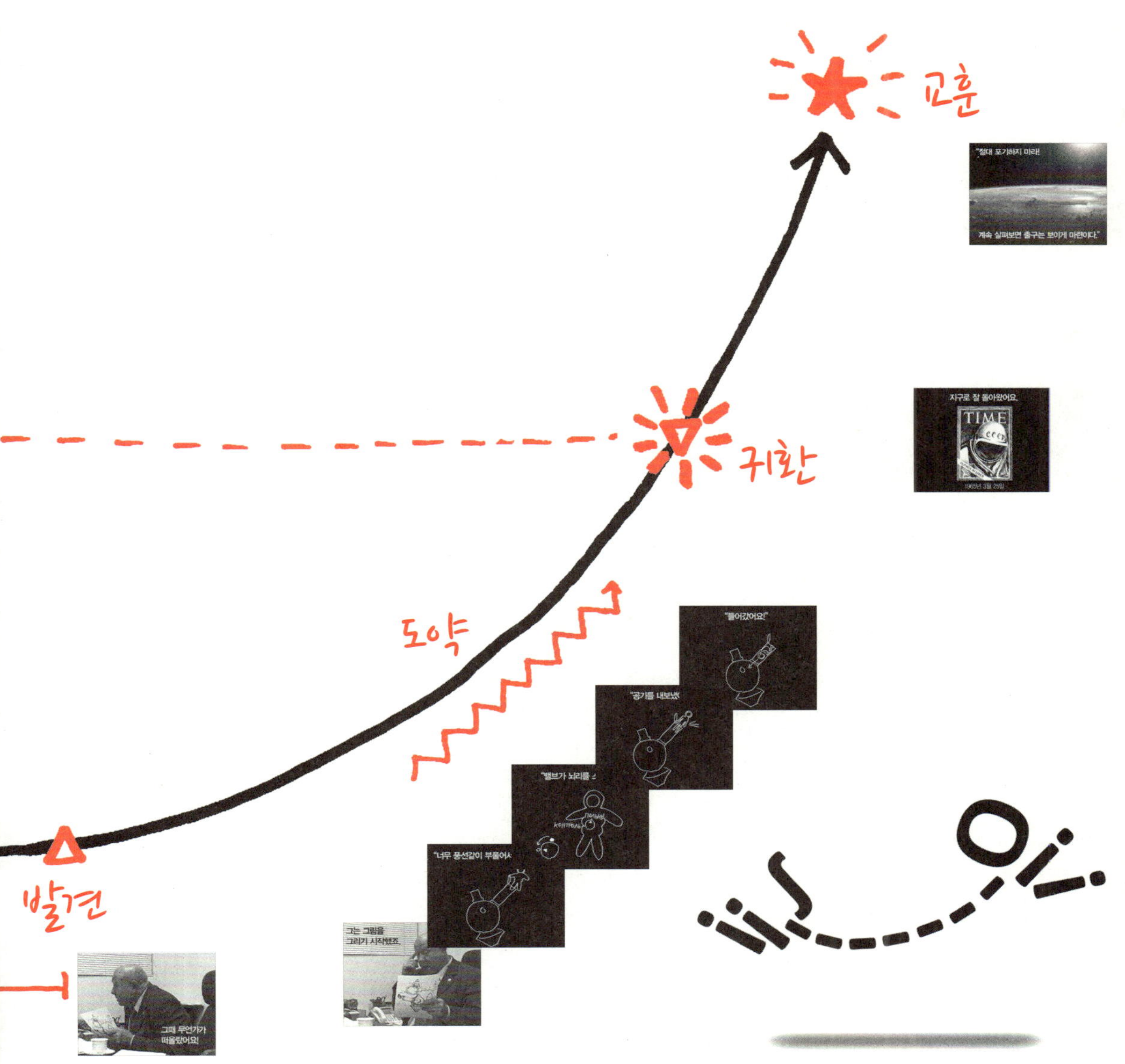

교훈
귀환
도약
발견
"절대 포기하지 마라!
계속 살펴보면 출구는 보이게 마련이다."
지구로 잘 돌아왔어요.
TIME
"돌아갔어요!"
"공기를 내보냈
"챌브가 뇌리를
"너무 풍선같이 부풀어
그는 그림을
그리기 시작했죠.
그때 무언가가
떠올랐어요!

드라마에 대한 점검 카드

1. 거짓 없는 **이야기**를 전했는가?

2. 청중의 **신념**을 바꿨는가?

3. 회상하고 **되새길** 만한 신념인가?

어떻게 되었는가?

프레젠테이션의 목표는 청중이 대학교에 기부해야겠다는 영감을 받도록 과학과 미술에 대한 이야기를 들려주는 것이었다. 나는 기분 좋게 알렉세이의 이야기를 들려줬고 청중도 좋아했다. 그렇다면 결과는 어떻게 되었을까?

결과 : 그날 밤 모금액이 25만 달러에 달했다.

'드라마'에 대한 생각 정리

**각각의 스토리라인에 약간의 드라마를
가미하는 것은 항상 좋은 생각이다.**
우리는 특히 비즈니스에 관해서는 냉철하고 계산
적이며 사실만을 추구하는 기계와 같이 행동한다.
때로는 그래야 진실하다고 생각될 수 있으나 사실
은 그렇지 않다.

따라서 적절하다고 생각될 때에는 보고나 설명,
권유에도 약간의 드라마를 가미하는 것이 좋다.
이러한 요소가 누군가 도약에 필요한 발판이 될
수 있다.

**드라마보다 강력한
프레젠테이션은 없다.**
드라마는 우리의 심장을 관통하기 때문에
가장 높은 수준의 진실을 전달한다.
다시 말해 제대로만 하면 영원히 지속되는
변화를 달성할 수 있다.

스토리라인에 대한 이야기를 정리하면 어떤 스토리라인을 선택하든 발표자의
마음과 청중의 경험을 연결하는 가이드라인으로 이용해야 한다는 것이다.

발표자는 스토리라인을 팽팽하게 하는 동시에 계속 움직여야 한다.

스토리라인은 강하지만 끊어질 수도 있다. 그럼 우리는 청중을 잃게 된다.

발표자는 다음을 **삼가야** 한다 :

매듭 만들기

(스토리라인이 복잡해진다)

느슨하게 하기

(스토리라인이 무기력해진다)

끊어 버리기

(스토리라인의 연속성이 사라진다)

스토리라인을 팽팽한 하나의 데크로 만든다.

데크란 전체 프레젠테이션을 하나의 독립된 문서로 만든 것이다. 데크에는 프레젠테이션 처음부터 끝까지 자연스럽게 진행되는 전체 이야기와 각 슬라이드의 세부 내용이 포함되어 있다.

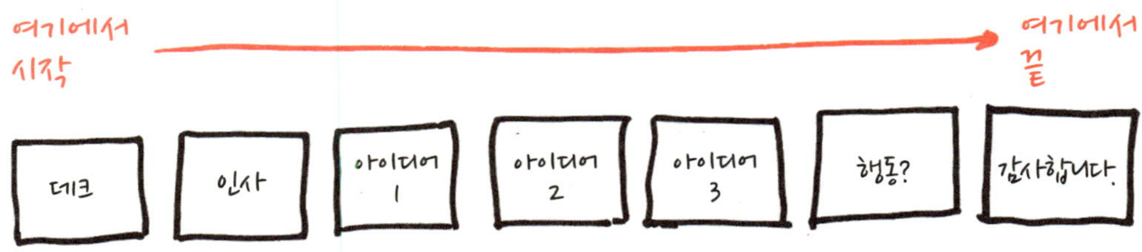

슬라이드를 팽팽하게 하고
각 슬라이드에는 하나의 아이디어만 담는다.

이상적인 슬라이드에는 다음과 같은 내용이 담겨 있다.

- 헤드라인
- 그림
- 간단한 설명
- 그 외의 내용은 생략

스토리라인의 연속성을 끊는 슬라이드는 **나쁜 슬라이드**다.

프레젠테이션 중에 하나의 슬라이드로
너무 많은 아이디어를 설명하려는 순간
스토리라인이 끊어지면서 관객은 혼란
스러워하거나 흥미를 잃는다.

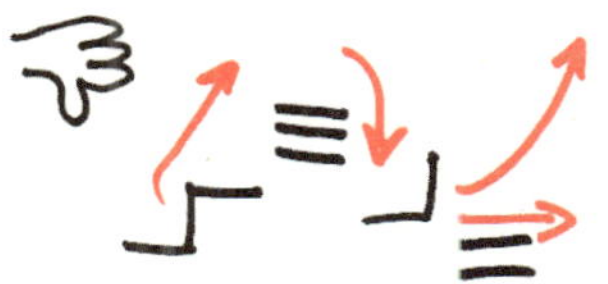

하나의 슬라이드에 설명하기에 아이디어가 너무 복잡하면
여러 슬라이드로 나눠 설명하라.

아무리 복잡하더라도 아이디어를 '구축' 하며 설명하면 명확하게 전달할 수 있다.

스토리라인을 팽팽하게 유지하는 또 다른 방법은
그림을 이용하는 것이다.

바삭하면서도 아삭한 프레젠테이션은 어떻게? 적게 말하고 많이 보여줘라.

CHAPTER 4

규칙 3 : 이야기에 그림을 더한다

눈을 사로잡으면 마음이 따라올 것이다.

나는 단어로 생각하지 않는다. 시각적 이미지를 열심히 전통적인 언어와 수학 용어로 번역할 뿐이다.

— 알버트 아인슈타인(Albert Einstein)

나는 지도를 그린다. 그게 가장 먼저 하는 일이다.

— 조앤 K 롤링(J. K. Rowling)

다른 어떤 활동보다 보는 일에 뇌의 가장 많은 부분이 관여한다.

언어를 비롯한 다른 어떤 활동보다 눈앞에 보이는 형상과 이를 처리하는 작업에 뇌의 가장 많은 부분이 관여한다. 모든 감각 양상을 합친 경우보다 시각적인 활동에 더 많은 뇌의 신경 세포가 개입하는 것으로 나타났다.

— 레오 찰루파 박사(Dr. Leo Chalupa)

레오 찰루파 박사(Dr. Leo M. Chalpa)는 조지 워싱턴 대학교의 약리학 및 생리학과 교수 겸 연구소 부소장으로 활동하고 있다. 이전에는 캘리포니아 대학교 데비스 캠퍼스에서 안과학 및 신경생물학과의 우수교수를 역임하고, 신경생물학/생리학/행동학과 학과장을 역임한 바 있다.

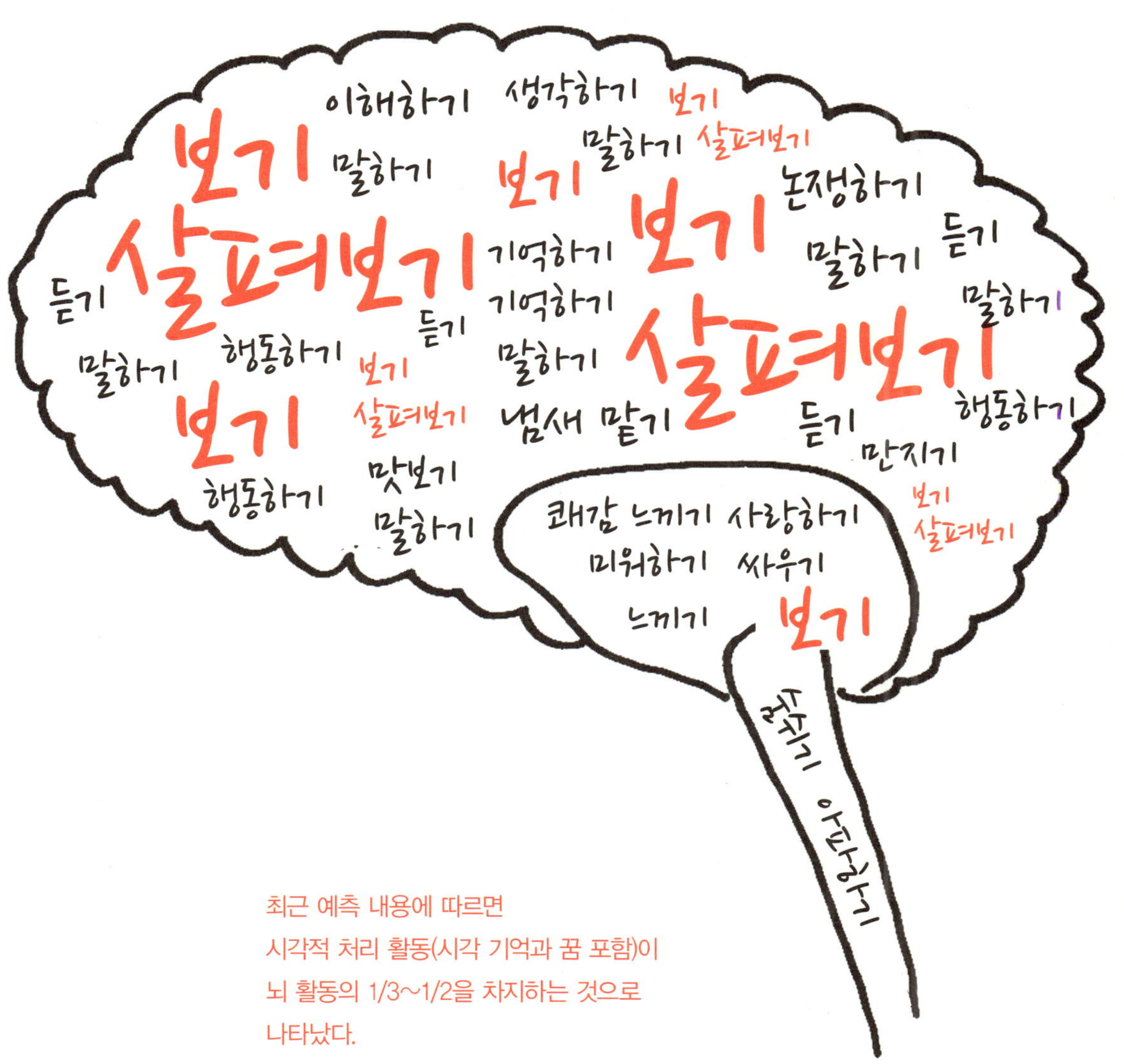

최근 예측 내용에 따르면
시각적 처리 활동(시각 기억과 꿈 포함)이
뇌 활동의 1/3~1/2을 차지하는 것으로
나타났다.

우리는 걷고 말하며 보이는 내용을 처리하는 기계와 같다.

일례로 햇살이 따사로운 오후 우리의 눈은 2×10^{18} 포톤(빛의 입자 – 옮긴이)으로 빛을 처리한다.
이는 전체 은하에 있는 별의 2배에 달하는 수치다. 이 어마어마한 양을 하루 만에 처리하는 것이다.
우리가 그중 얼마나 많이 기억하는지 알면 아마도 놀랄 것이다.

시각적 사고는 결코 잠들지 않는다.

눈앞에 흥미로운 내용이 없으면 딴생각에 빠진다.

반대로 눈앞에 흥미로운 내용이 펼쳐지면
끊임없이 집중한다.

그렇다면 우리는 어떤 내용을 보길 원할까?

내 청중
각기 다른 3개의 플랫폼 확장 가능
능력
설명
Hum.
우리의 목표는?
현재 시장 상황 : 소셜 미디어 앱에서만 직접 전자상거래 가능
그림
장애물
권유
E=mc?
진실의 순간
CCCP

앞에서 살펴본 샘플 프레젠테이션으로 잠시 돌아가 보자. 무엇을 보았는가?
모든 슬라이드에는 그림이 포함돼 있었다.

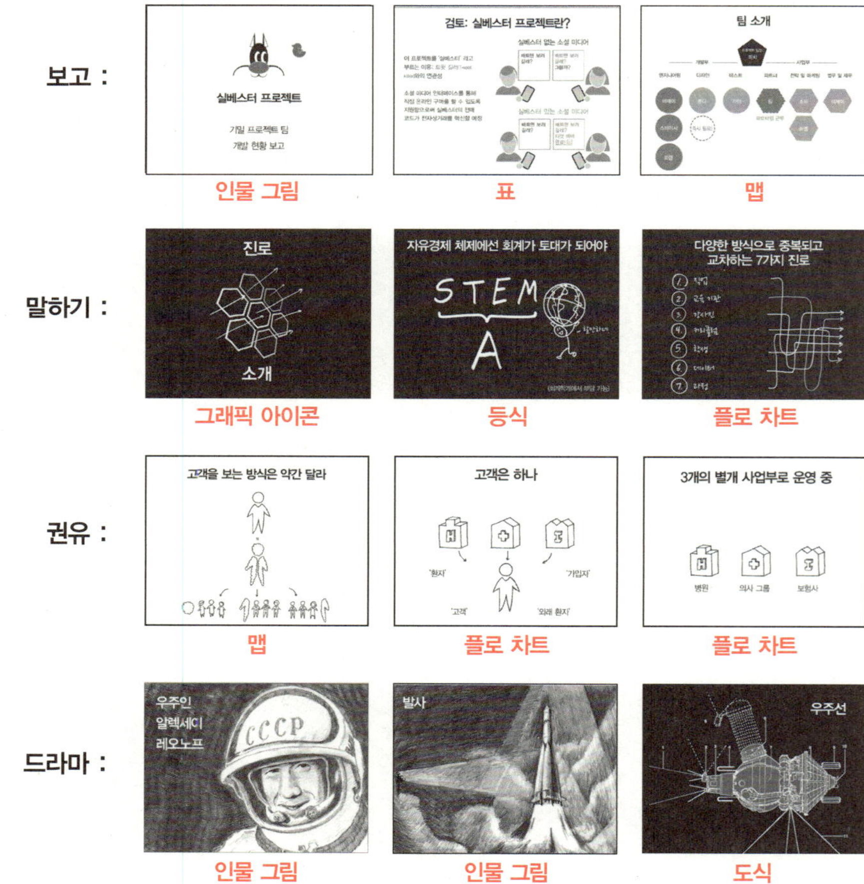

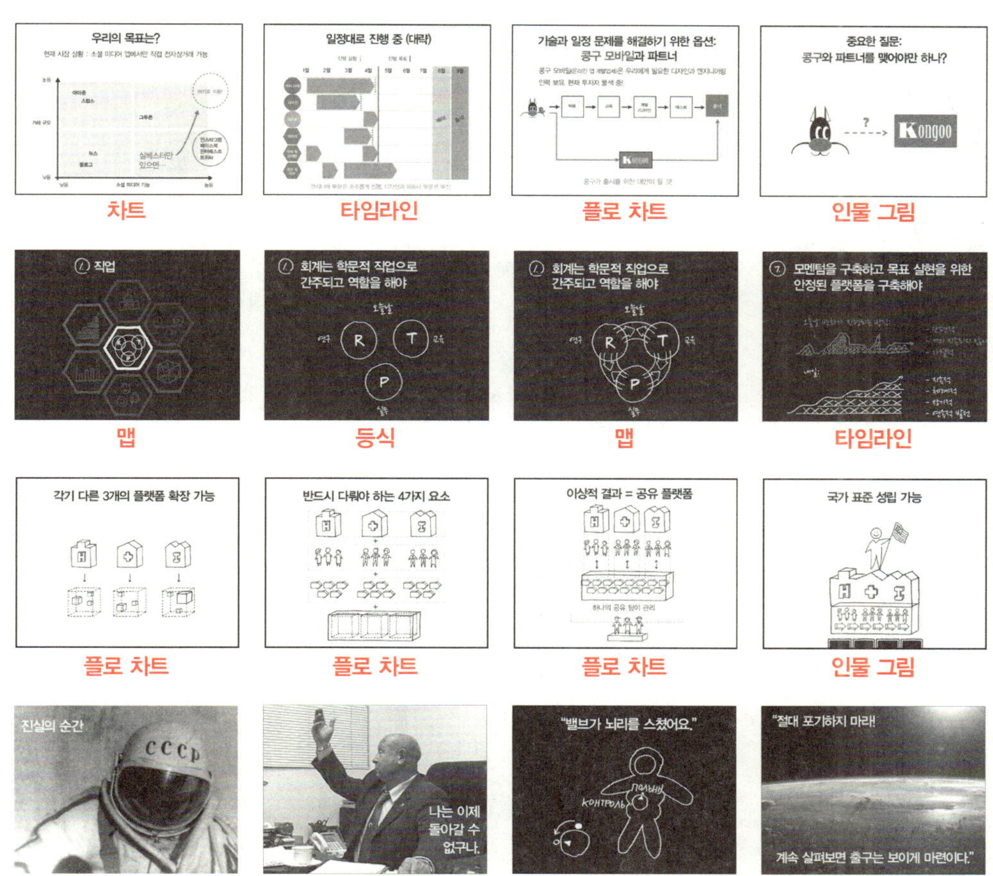

차트
타임라인
플로 차트
인물 그림
맵
등식
맵
타임라인
플로 차트
플로 차트
플로 차트
인물 그림
인물 그림
인물 그림
플로 차트
풍경

그리고 모든 그림은 6모드 사고 중 **하나**를 표현한다.

- 지금 **누구와 무엇**에 대해 이야기하는가?
- 그들은 **어디에** 있는가?
- **언제** 일어났는가?
- **얼마나** 있나?
- **어떻게** 상호작용하나?
- **왜** 그러는가?

6모드를 구성하는 각 모드는 우리가 무언가를 보는 방식에 정확히 일치한다.

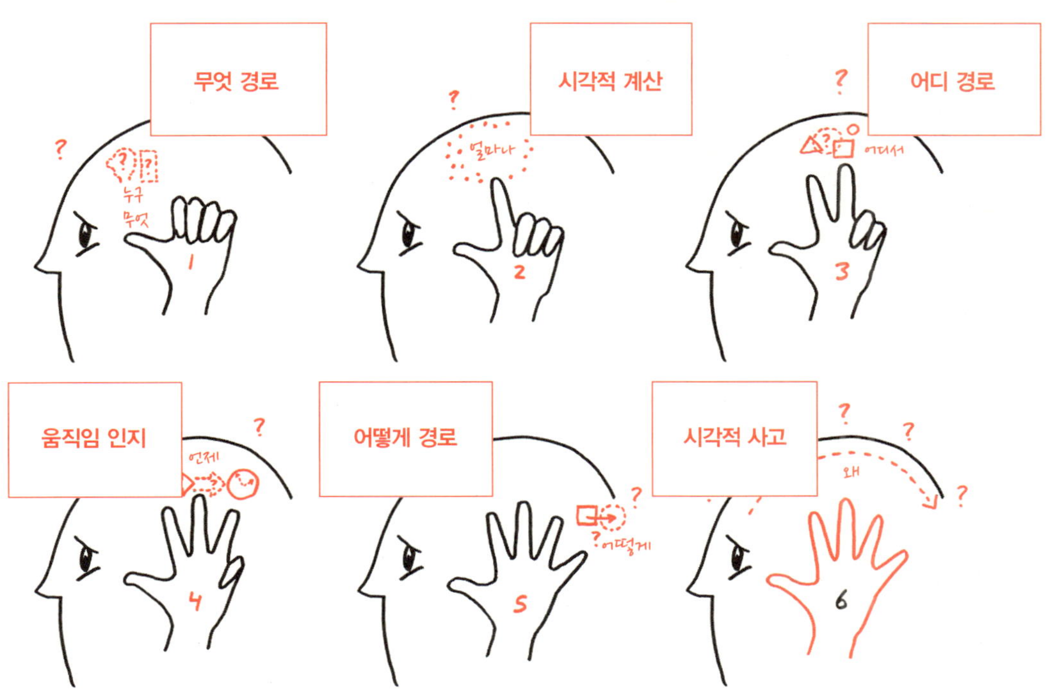

최근 신경생물학 연구 결과에 따르면 우리 눈을 통해 이뤄지는 기본적인 '시각적 경로'가
6모드 사고와 일대일로 대응하여 세상을 보는 것으로 나타났다.

여기에는 중요한 의미가 있다.

어떤 이야기든 6가지 그림만 있으면 된다.

누구/무엇?

얼마나?

어디서?

언제?

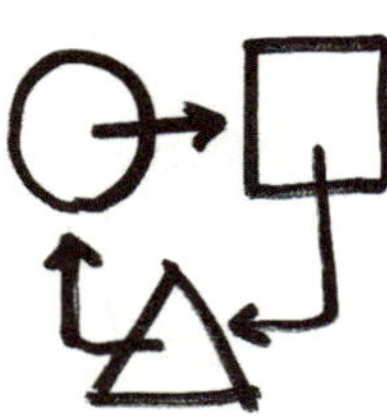

어떻게?

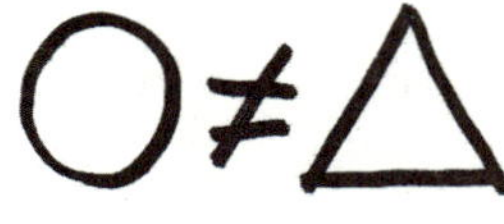

왜?

약간의 세부사항과 스타일을 더하면 **6가지 그림**을 통해 모든 내용을 전달할 수 있다.

인물 그림

등장인물과 사물을
보여준다.

차트

얼마나 있는지
보여준다.

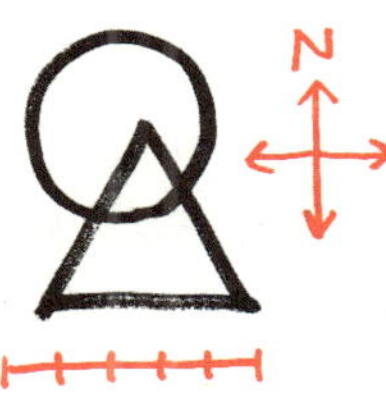

지도

어디에 위치하는지,
중복되는지 보여준다.

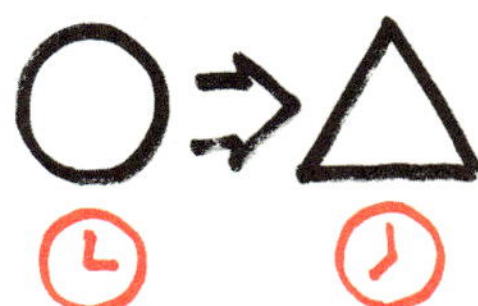

타임라인

시간 순서를
보여준다.

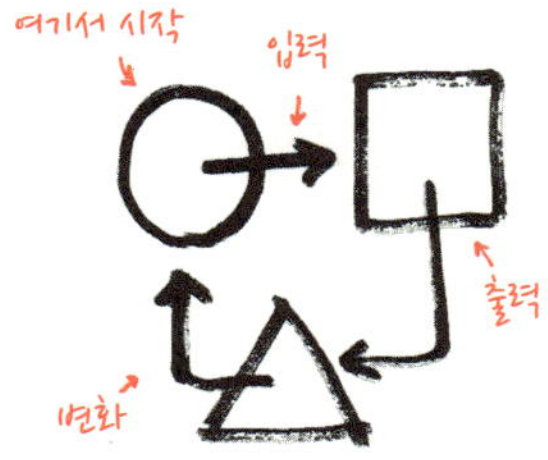

플로 차트

원인, 영향 등의
관계를 보여준다.

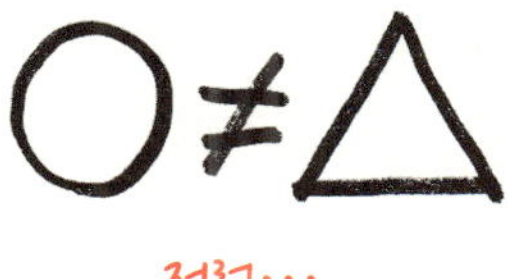

등식

이야기의 교훈을
보여준다.

이러한 그림 2~4개 또는 6개 모두를 더해 스토리라인이
눈앞에 생생하게 펼쳐지게 만들 수 있다.

다음과 같은 스토리라인에…

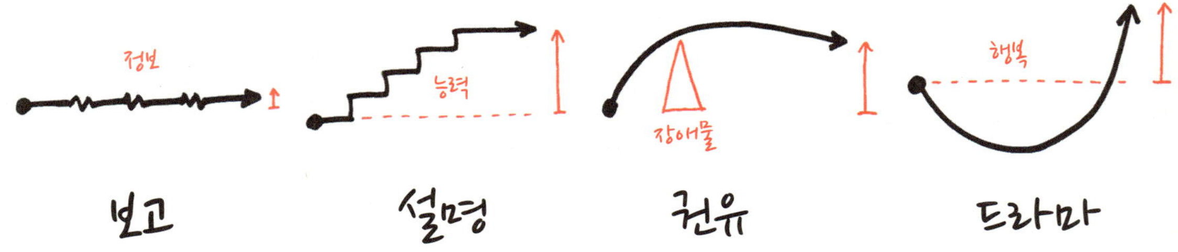

이러한 간단한 그림 조합을 더하면 생명을 불어넣을 수 있다.

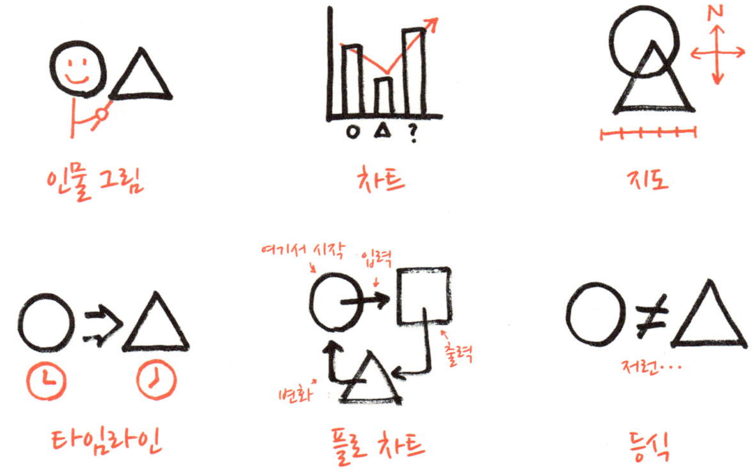

그림을 추가할 때에는 아래 **그림 파이**를 이용하여 우리가 **말하고자** 하는 내용을…

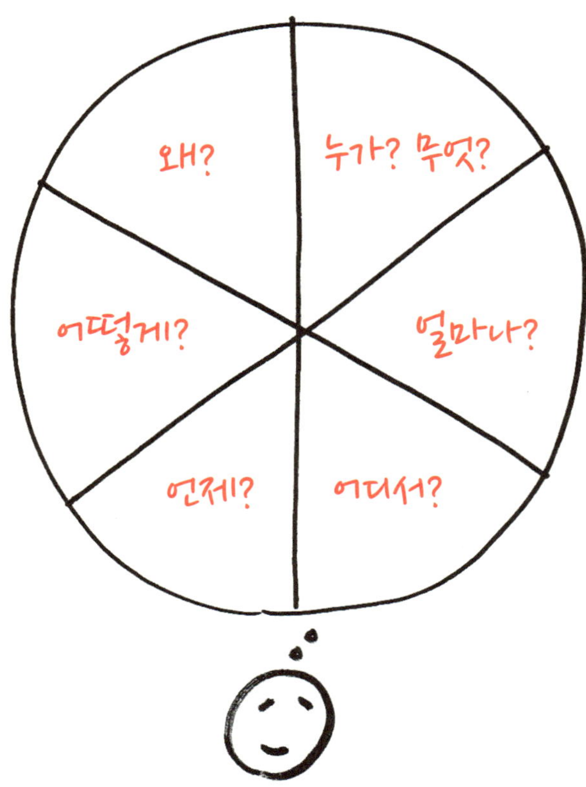

6모드 사고를 이용하면 스토리라인에 작성한 언어로 된 주요 아이디어의 핵심을 식별할 수 있으며…

···**보여주고자** 하는 내용으로 변환할 수 있다.

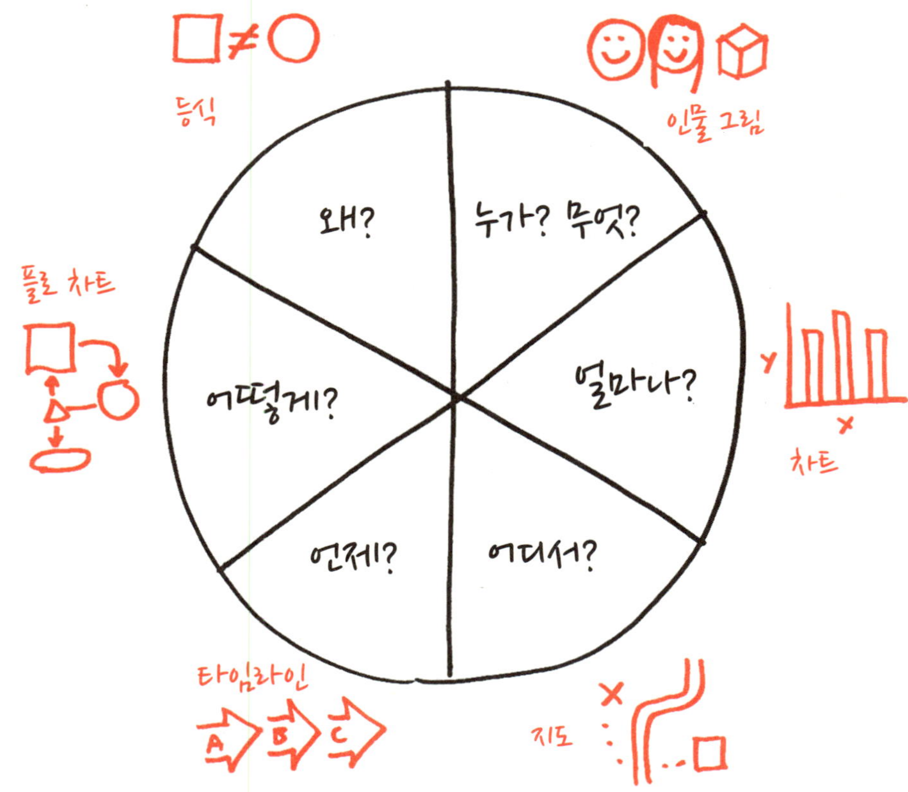

그리고 언어로 된 아이디어를 해당하는 시각적 표현으로 변환할 수 있다.

일반적으로 이야기에 나오는 주요 등장인물('누구와 무엇')부터 그리기 시작하여
아래 **그림 차트**처럼 시계 방향으로 돌아간다.

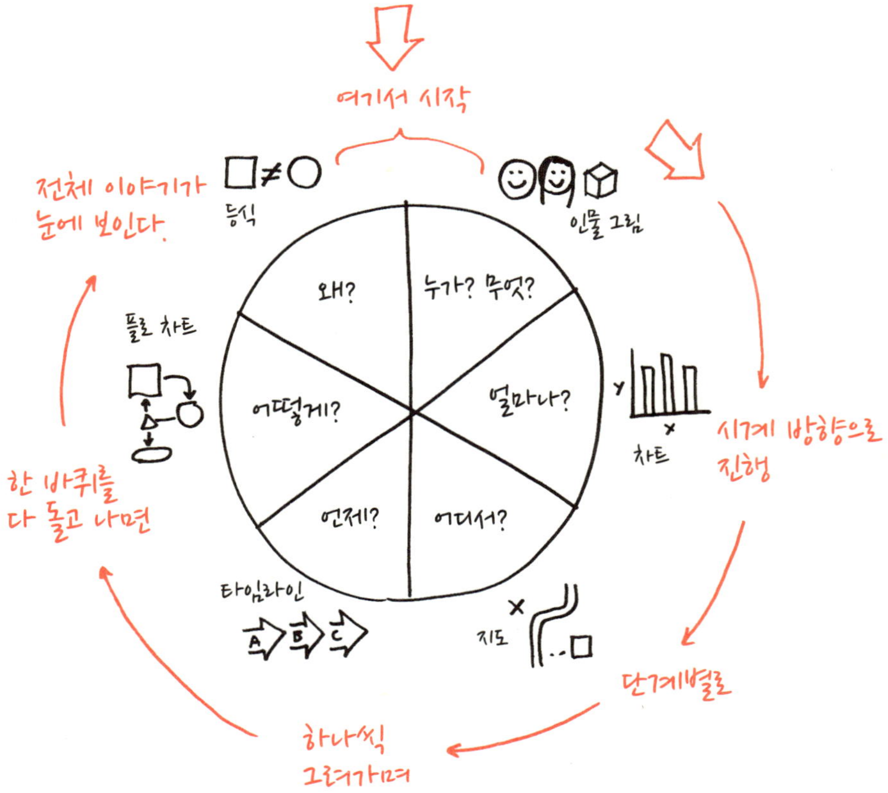

파이를 한 바퀴 돌고 나면 프레젠테이션에 필요한 모든 그림이 갖춰진다.

맨 위에서부터 시작해 보자. **사람, 사물**을 설명할 때 **인물 그림**을 사용한다.

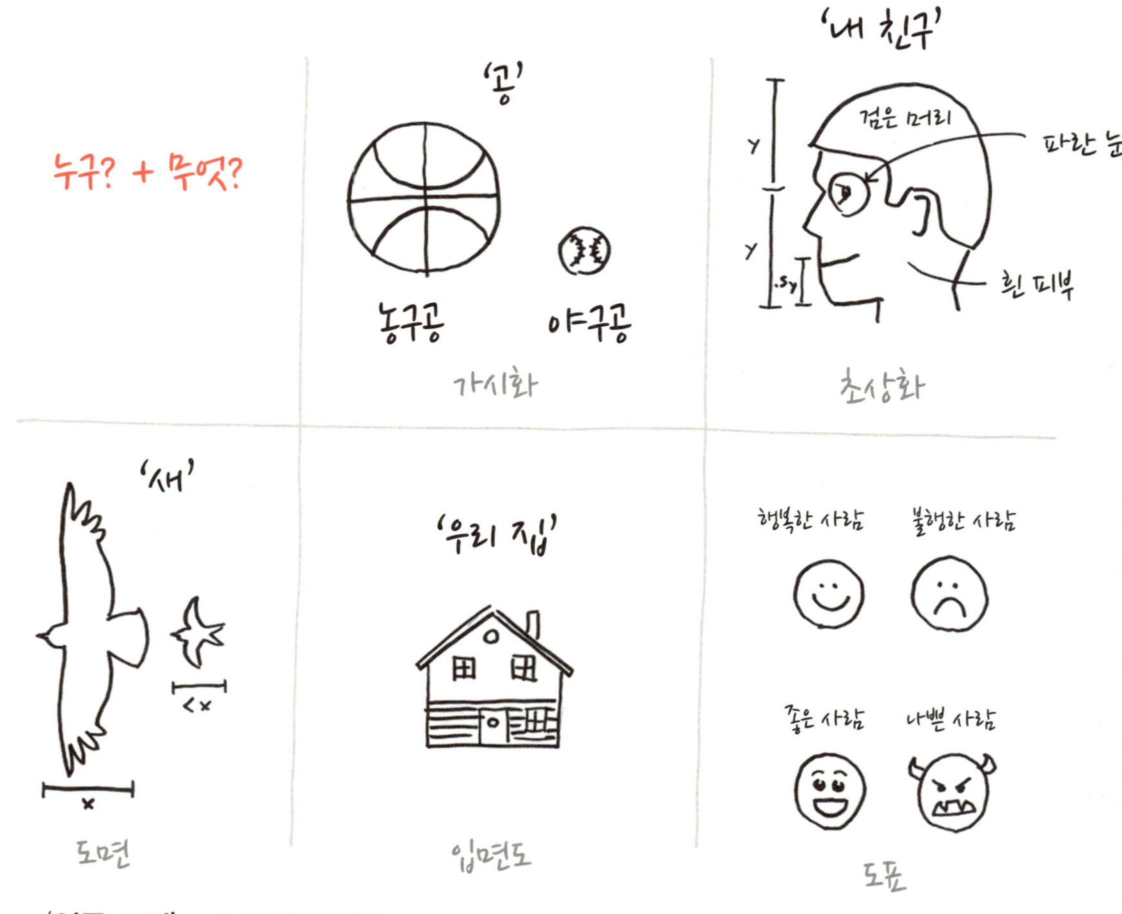

'인물 그림' = **누구와 무엇?**

프레젠테이션 중 언제 **인물 그림**을 보여줘야 하나?

1. 새로운 등장인물, 그룹, 사물을 소개할 때
2. 등장인물이 다시 나올 때(특히 다른 상황에서)
   예) 맵의 일부로 등장할 때
3. 각 인물과 사물을 다른 인물이나 사물과 확실히 구분해야 할 때

인물 그림은 어떻게 만들어야 하나?

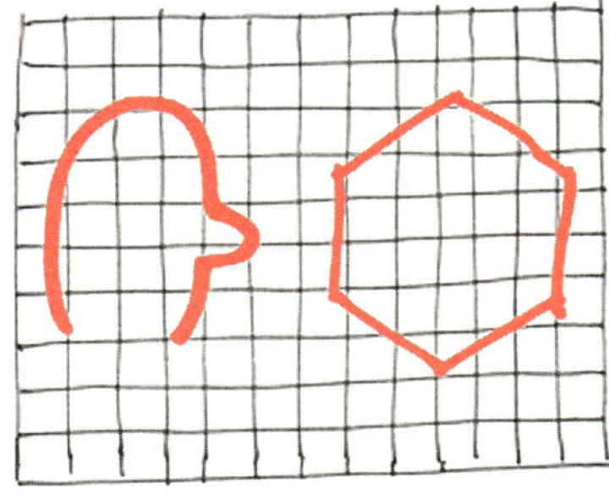

1. 프레젠테이션에 등장하는 가장 중요한 인물과
   사물을 생각한다.
2. 목록을 작성한다.
3. 인물이나 사물을 가장 쉽게 파악할 수 있는 간단한
   그림을 찾거나 그린다.
4. 배치, 중복, 영향에 대해서는 고민할 필요 없다
   (뒤에 설명할 예정).

양, 숫자, 가치를 설명할 때 **차트**를 사용한다.

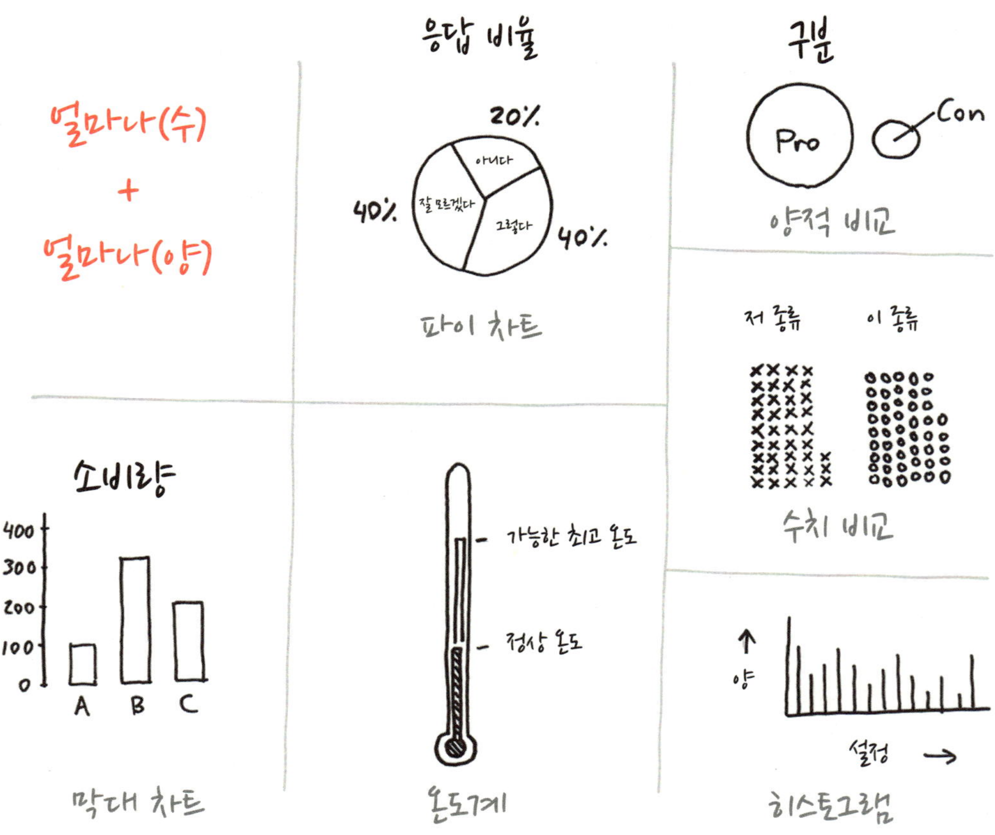

'**차트**' = 얼마나 많이?

프레젠테이션 중 언제 **차트**를 보여줘야 하나?

1. 측정 결과, 양적 비교, 수치 데이터를 보여줄 때

2. 청중이 수치 변화나 트렌드를 파악하는 것이 중요할 때

3. 청중과 공유할 양적 근거가 있을 때

4. 감정적 갈등을 해소하거나 완화하고자 할 때

차트는 어떻게 만들어야 하나?

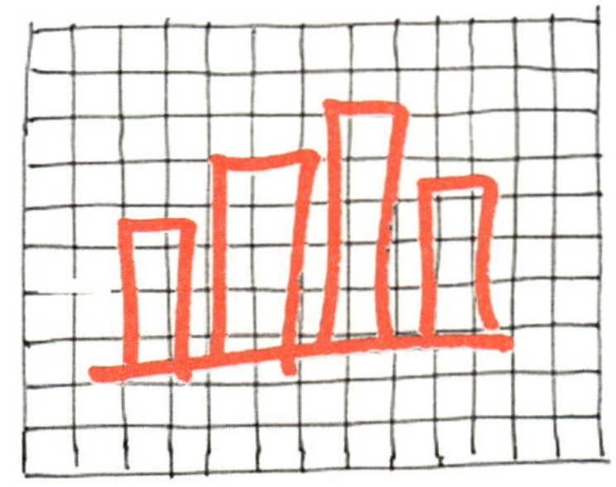

1. 사용할 데이터를 파악한다(측정 대상은 무엇인가?).

2. X축과 Y축을 만들고 거기에 숫자를 표시한다.

3. 좌표에 데이터를 매핑한다.

4. 흥미로운 트렌드가 있는지 확인한다.

위치, 중복되는 부분을 설명할 때 **지도**를 사용한다.

어디서

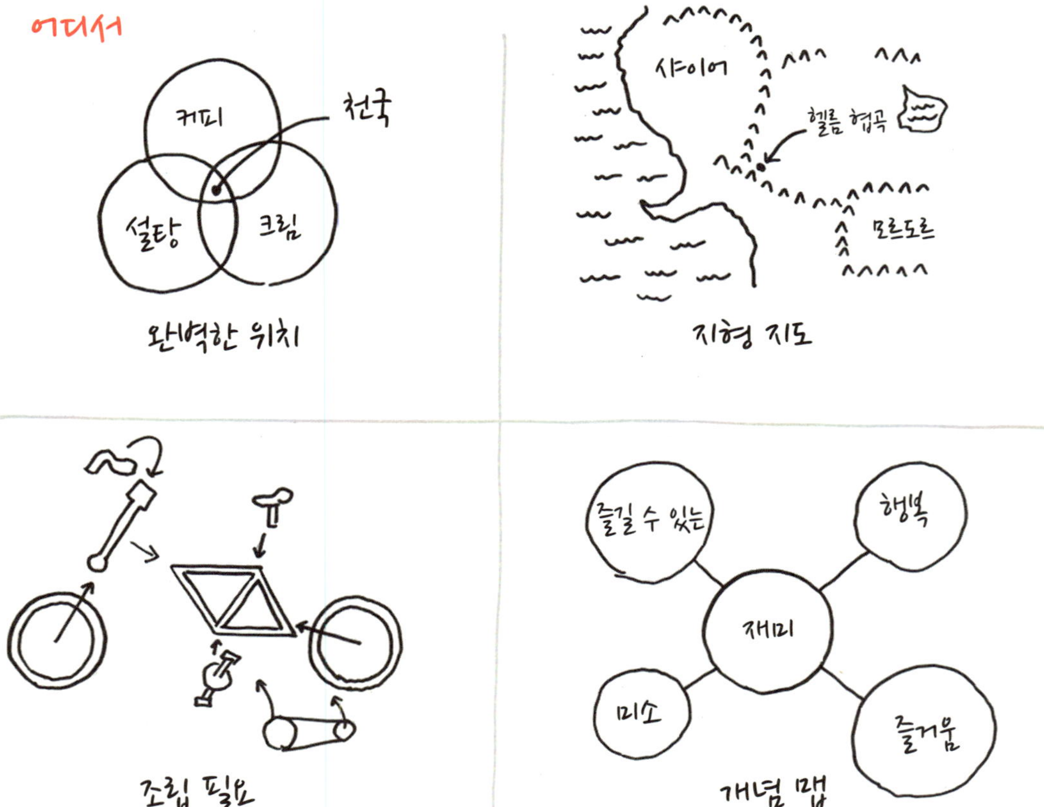

'**지도**' = 어디에 있는가?

프레젠테이션 중 언제 **지도**를 보여줘야 하나?

1. 등장인물의 위치나 다른 아이디어와 연관된 아이디어의 위치에 초점을 맞추고자 할 때
2. 현재의 우리 위치를 보여주고자 할 때
3. 인물, 사무, 아이디어의 중복 부분을 보여주고자 할 때
4. 인물, 항목, 아이디어 등을 길게 나열하면서도 기억에 남게 하고 싶을 때

지도는 어떻게 만들어야 하나?

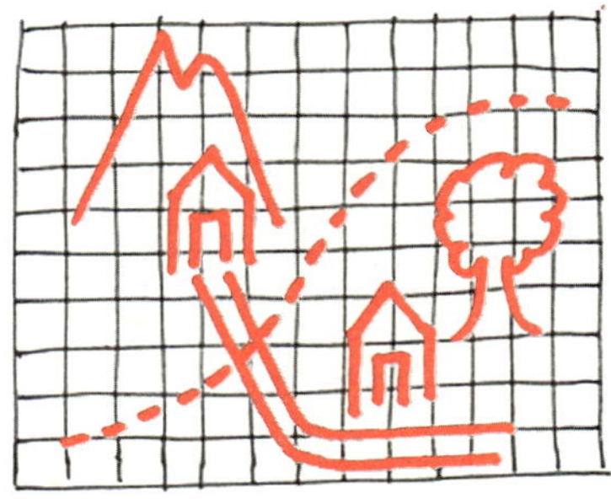

1. 배경(등장인물이나 아이디어가 위치한 지리적 위치 또는 개념적 위치)과 주요 특징을 파악한다.
2. 동서남북(또는 비슷한 표시)을 표시한다.
3. 그 위에 특징이 되는 사물 등을 표시한다.
4. 흥미로운 공간적 관계가 형성되었는지 파악한다.

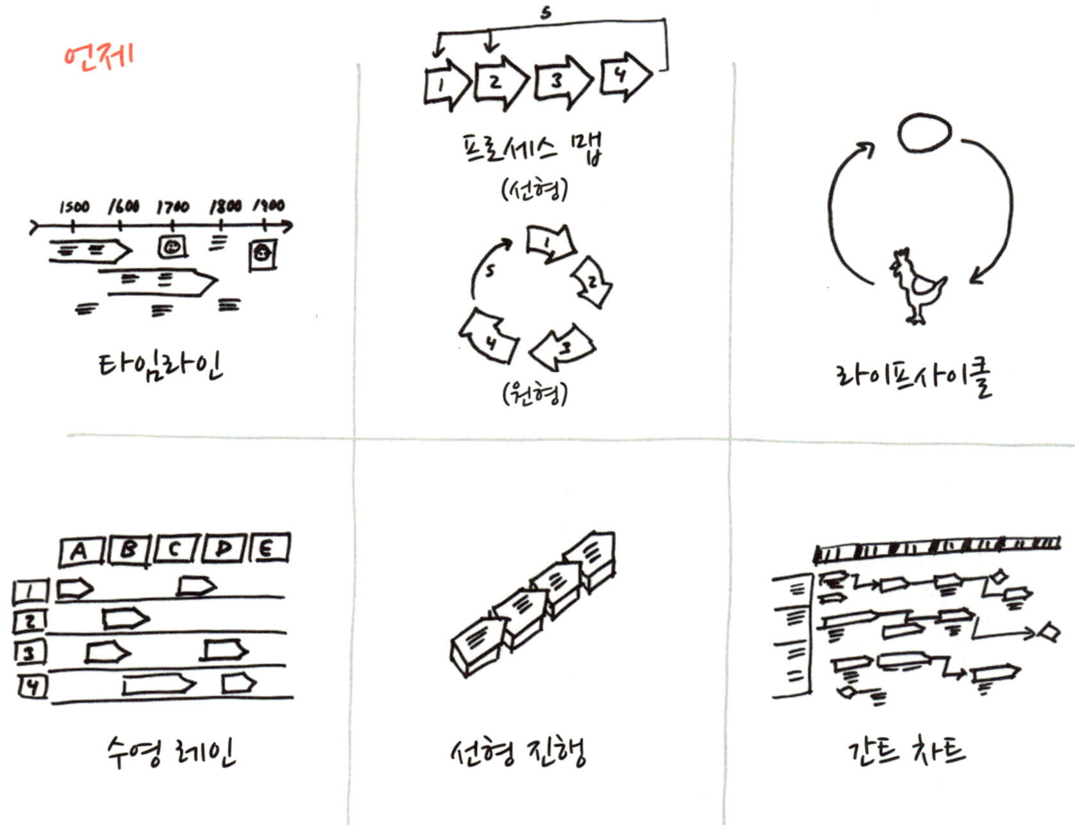

'**타임라인**' = 언제 사건이 일어났는가?

프레젠테이션 중 언제 **타임라인**을 보여줘야 하나?

1. 시간상 등장인물, 아이디어, 사건의 위치에 초점을 맞추고자 할 때
2. 순서를 요약하고자 할 때
3. 등장인물과 행동이 시간적 측면에서 어떻게 관계가 있는지 설명하고자 할 때
4. 폭넓은 맥락에서 사건 목록을 길게 나열하고자 할 때

타임라인은 어떻게 만들어야 하나?

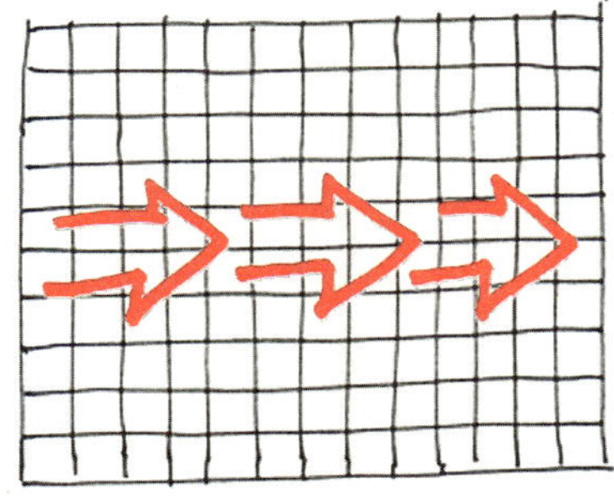

1. 중요한 사건을 파악한다
   (순서, 계획, 아이디어 중 무슨 사건이 일어나는가?).
2. **과거 〉 현재 〉 미래 좌표**를 만든다.
3. 처음부터 끝까지 순서대로 중요한 사건을 좌표에
   나열한다.
4. 실제로 순서가 잘 표시되었는지 확인한다.

원인과 효과, 과정을 설명할 때 **플로 차트**를 사용한다.

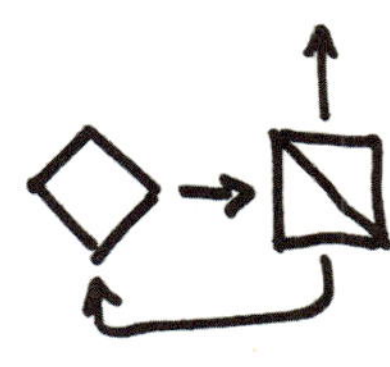

2단계 절차 흐름

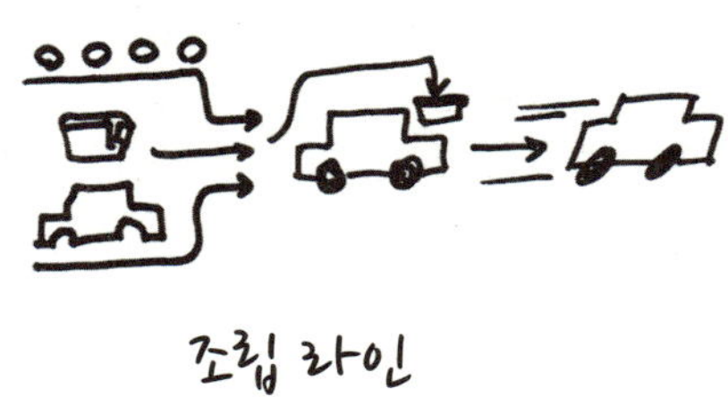

조립 라인

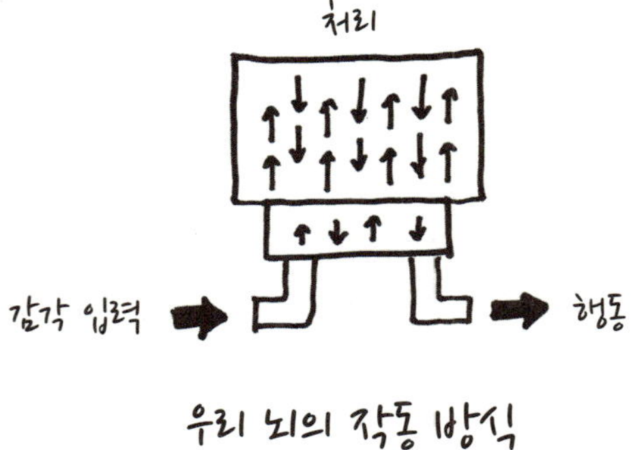

우리 뇌의 작동 방식

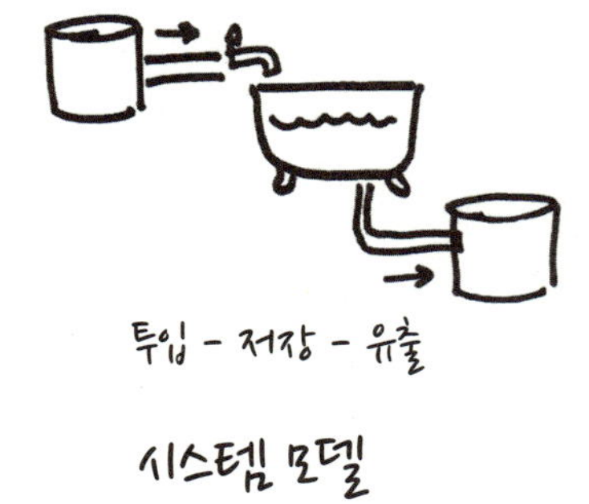

시스템 모델

‘플로 차트’ = 어떻게 일어났는가?

프레젠테이션 중 언제 **플로 차트**를 보여줘야 하나?

1. 원인과 결과를 명확하게 하고자 할 때
2. 한 등장인물이나 사물이 다른 인물이나 사물에 미친 영향을 설명할 때
3. 자금, 정보, 영향의 흐름을 설명하고자 할 때
4. 무언가 망가진 이유와 고치는 방법을 보여 주고자 할 때

플로 차트는 어떻게 만들어야 하나?

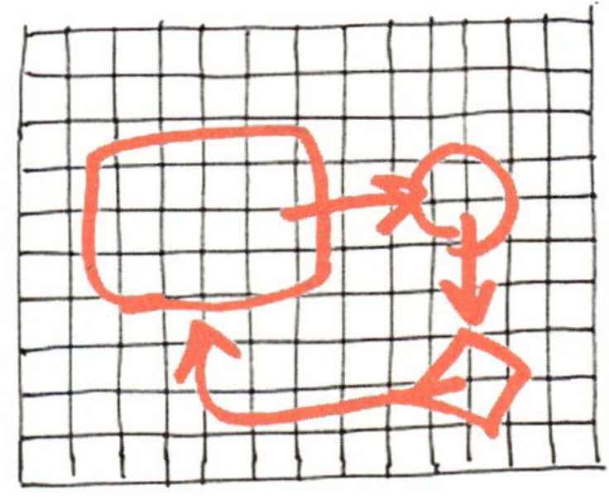

1. 청중에게 설명하고자 하는 절차를 파악한다.
2. **여기에** 첫 단계를 그린다.
3. **저기에** 마지막 단계를 그린다.
4. 단계별로 첫 단계와 마지막 단계 사이에 이뤄지는
   결정과 행동을 표시한다.
5. 검토하고, 테스트하고, 수정한다.

이야기의 교훈을 설명할 때 **시각적 등식**을 사용한다.

개는 새를 사랑하지만, 새는 개를 사랑하지 않는다.

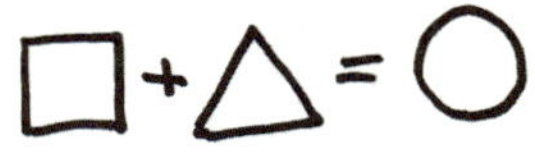

사물 + 변화 = 다른 사물

행복이 슬픔보다 낫다.

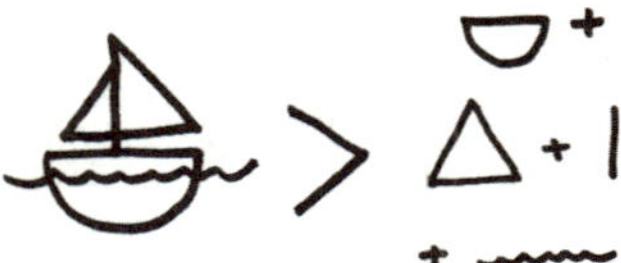

각 부분의 합보다 전체가
더 위대하다

손안의 새

'등식' = 교훈은 무엇인가?

프레젠테이션 중 언제 **등식**을 보여줘야 하나?

1. 전체 프레젠테이션 중 가장 중요한 통찰력이나 교훈을 전달하고자 할 때
2. 청중에게 잊히지 않는 그림 메시지를 전달하고자 할 때
3. "이 이야기의 교훈은○○○이다" 라고 말하고 싶을 때
4. 긴 강의 끝에 청중에게 웃음을 선사하고자 할 때

등식은 어떻게 만들어야 하나?

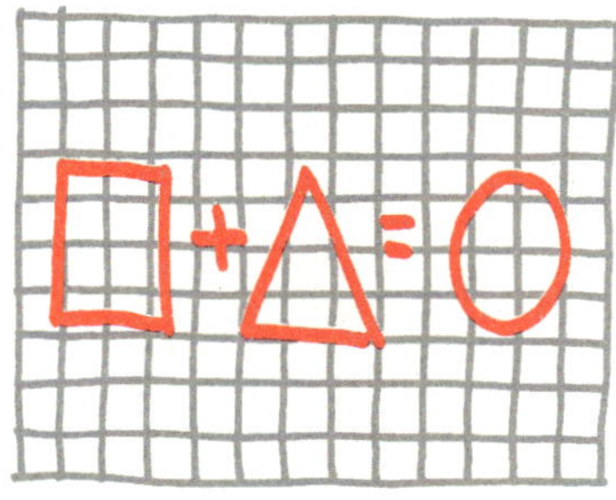

1. 이전 그림을 만들 때 사용한 사고 절차를 다시 돌아본다.
2. 자신에게 묻는다. "청중이 한 가지만 기억할 수 있다면 무엇을 기억하게 하고 싶은가?"
3. 인물 그림과 수학 기호 $\rightarrow + - = \langle\ \rangle$ 를 이용하여 교훈을 그린다.

무슨 의미인지 다시 살펴보기로 하자.

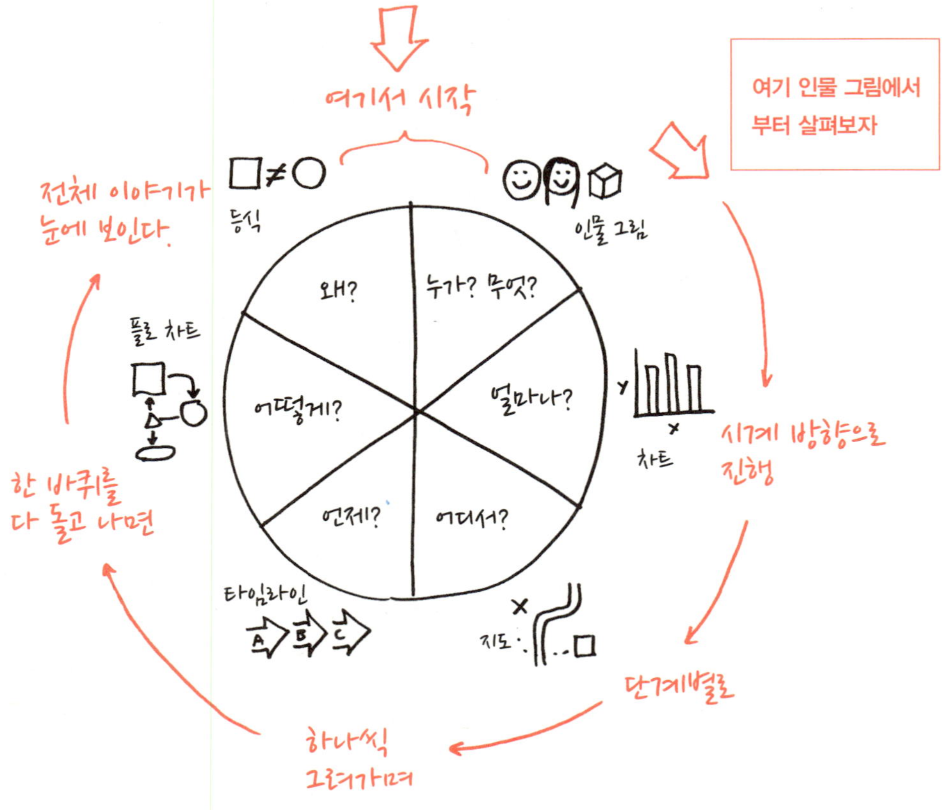

다음 몇 페이지에 걸쳐서 위에서부터 시계방향으로 이 6가지 그림만 사용하여 복잡한 과정을 설명해 보자.

나한테 '체스'에 대해 설명해 줄래?

축구나 포커와 같은 다른 게임도 설명할 수 있고, 또는 비즈니스 프로세스나 전략적 의사 결정 과정을 보여 줄 수도 있다. 그 외에도 6가지 그림만 있으면 모든 것을 설명할 수 있다.

우선 **누구**와 **무엇**을 보여주는 **인물 그림**에서 시작한다.

Show :

Tell : 체스는 두 팀이 경기를 하게 되는데 각 팀에는 폰에서 킹에 이르는 다양한 말이 있어.

얼마나 많으며 얼마나 가치 있는지 보여준다.

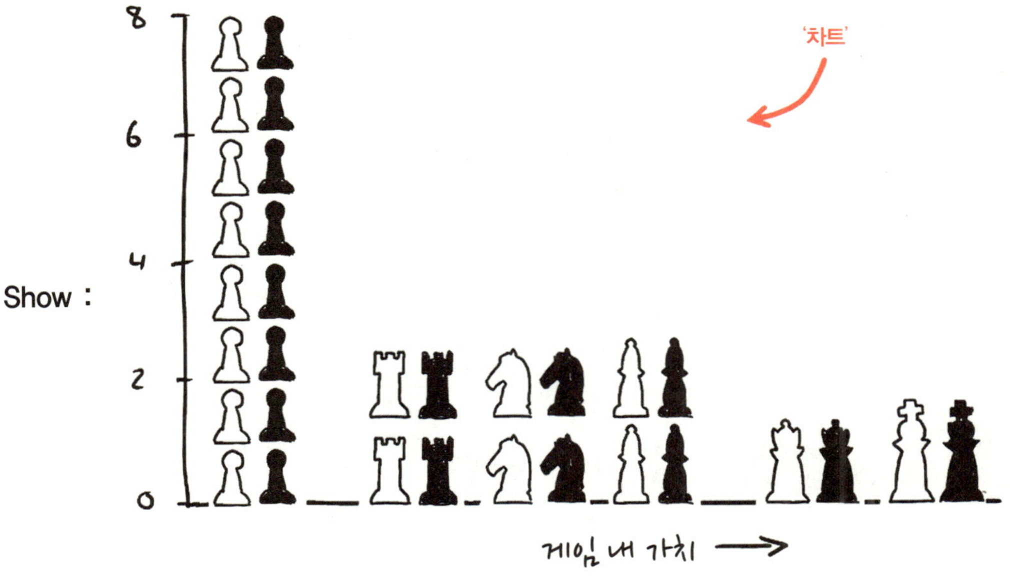

Tell :　차트를 보면 알 수 있듯이 폰은 개수도 많고 평범한 가치를 가지고 있어.
퀸은 2개뿐인데 당연히 더 큰 가치를 지니고 있지.

게임을 시작할 때 각 말이 **어디**에 있는지 보여주는 **맵**이다.

Show :

Tell : 게임을 시작할 때 모든 검은색 말은 이쪽에, 흰색 말은 반대쪽에 위치해.

게임이 시작할 **때** 우리는 번갈아가며 말을 움직인다.

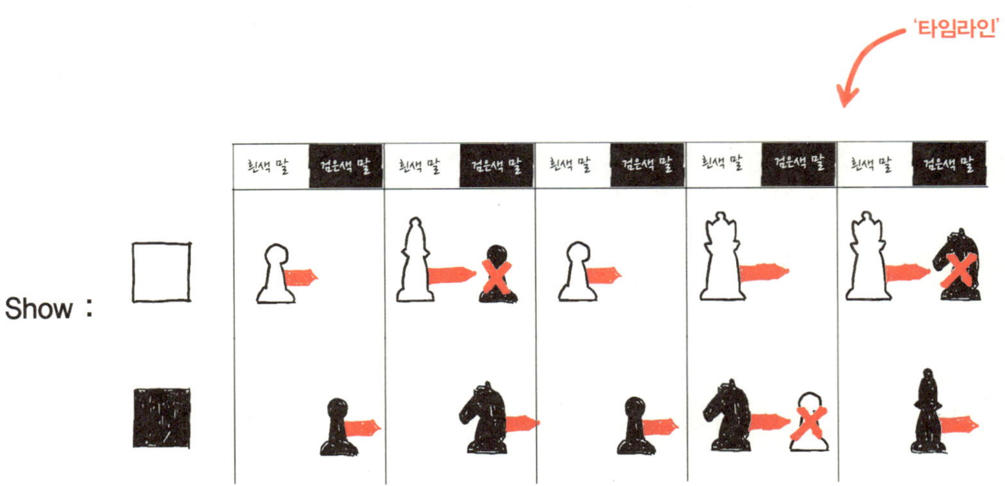

Tell : 타임라인을 보면 말의 움직임을 알 수 있어. 먼저 네가 흰색 폰을 움직이면 내가 검은색 폰을 움직이지. 이런, 네 비숍이 내 폰을 잡았네!

전체 게임이 **어떻게** 진행되는지 **플로 차트**로 보여 줄 수 있다.

Show :

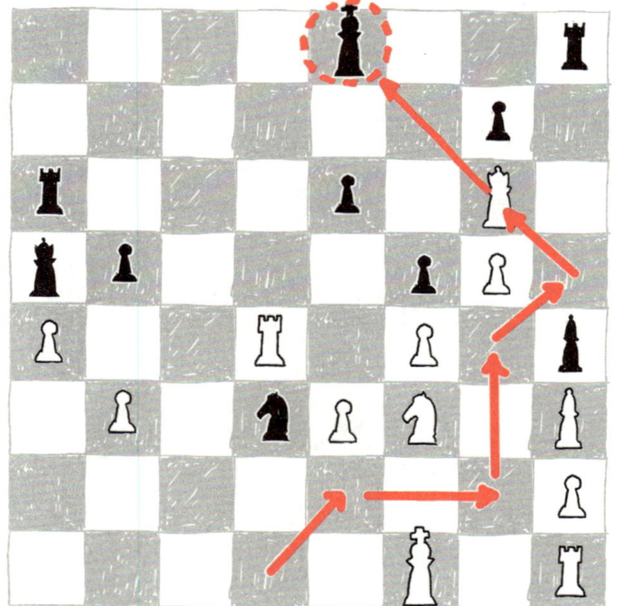

Tell : 게임을 계속하면서 우리는 전략을 세우고, 다양한 움직임의 원인과 효과를
파악할 수 있어.

마지막에는 **왜**가 밝혀진다. 게임의 요점은 상대편 킹을 잡는 데 있다.

Show :

Tell : 이것을 시각적 등식(Visual Equation)이라고 부른다. 이 이야기의 교훈을 명료하게 표현하여 뇌리에 깊이 새길 수 있기 때문이다.

6개의 그림이 사용되었다.

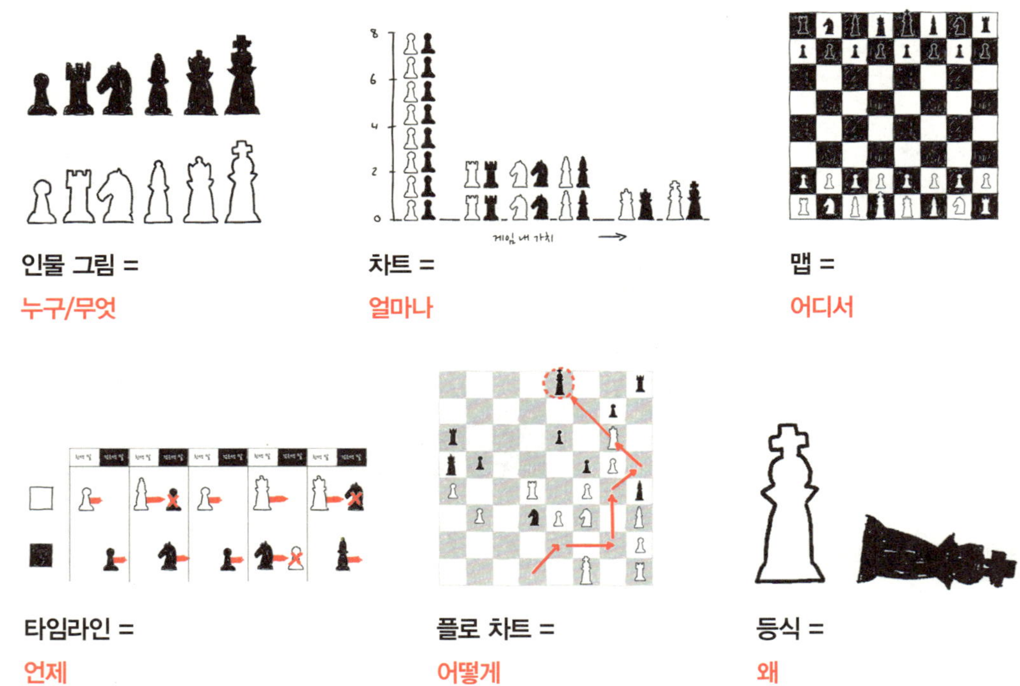

인물 그림 =
누구/무엇

차트 =
얼마나

맵 =
어디서

타임라인 =
언제

플로 차트 =
어떻게

등식 =
왜

6개의 그림으로 체스의 핵심 내용을 명료하게 전달할 수 있다면 다른 아이디어라고 못할
이유가 있겠는가?

모든 프레젠테이션에서 우리는 이 6가지 그림을 이용한다.
단, **세부사항**과 **스타일**만 다른 것뿐이다.

- **세부사항** = 우리는 어떤 그림을 보여줘야 할지 판단하는 데 **프레젠테이션 파이**를 사용한다.
  누구와 무엇 = 인물 그림, 어떻게 = 차트 등

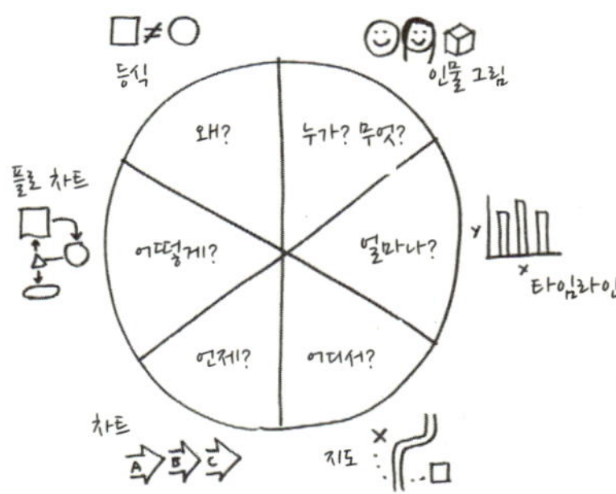

- **스타일** = 문제는 사진을 이용할지, 그래픽을 이용할지, 손으로 그린 그림을 이용할지
  결정하는 것이다.

그림 스타일에는 3가지가 있다.

사진은 좋다.

장점

- 찾기 쉽다(온라인 검색 덕분에).
- 그릴 필요가 없다.
- 색이 다채로우며 무언가를 떠올리게 한다.

단점

- 원하는 바를 그대로 보여주기 힘들다.
- 너무 구체적인 경향이 있다.
- 편집하기 어렵다.
- 저작권 등 사용 제한 사항이 많다.
- 발표자에 대한 관심을 흩트릴 수 있다.

그래픽은 아주 좋다.

장점

- 원하는 바를 그대로 표현하도록 마음대로 그래픽을 만들 수 있다.
- 프레젠테이션 프로그램에 있는 기본 그리기 도구를 이용하면 어렵지 않게 만들 수 있다.
- 상대적으로 간단한 표현을 유지할 수 있다.

단점

- 까딱하면 오히려 복잡해질 수 있다.
- 잘 만들려면 시간이 좀 걸린다.
- 시각적으로 '차가워' 보일 수 있다 (보고와 권유엔 적합).

손 그림은 가장 좋다.

장점

- 연습만 하면 가장 빨리 만들 수 있다.
- 원하는 바를 그대로 표현할 수 있다.
- '따뜻해' 보이며 친근감을 형성할 수 있다.
- 인간의 손길을 보여줄 수 있다.
- 단순함을 유지하기 쉽다.

단점

- 기본적인 그리기 기술이 필요하다.
- 지나치게 '귀여워질' 가능성이 있다 (보고와 권유에는 부적합).

사진은 쉽게 찾아 사용할 수 있다.

큰 아이디어를 뒷받침할 수 있다.

명확하게 하나를 중점적으로 다루므로 **왼쪽 사진**이 **오른쪽 사진**보다 프레젠테이션 사진으로 적합하다.

단순한 사진이 항상 최선이다.

프레젠테이션용 사진은 하나의 피사체에 초점을 맞춰야 하며, 피사체가 사진 중앙에 명확하게 표현되어야 한다. 그 외에 사물이 많으면 청중은 나머지 부분도 살펴보고 숨겨진 메시지에 대해 생각하느라 집중하지 못하게 된다.

풍경이나 정물 사진은
분위기를 전하기에 적합하다.

청중은 우리와 우리의 진실을 보길 원한다. 사진은 우리에 대한 이미지를 떠올리게 하거나 우리를 뒷받침해야 한다. 사진이 우리의 배경이 되어야지, 우리가 사진의 배경이 되어서는 안 된다. 대부분의 경우 사진이 덜 구체적일수록 더 큰 효과를 발휘한다.

실제 인물 사진은 모든 것을 망칠 수 있다.

지나치게 아름답고 대중적인 사진은 오히려 메시지 전달을 방해할 수 있다. 청중도 사진이 '진실'이 아님을 인지하므로 자칫하면 우리에게서 멀어질 수 있다 : 만약 이에 대해 거짓말을 한다면 또 뭐에 대해 거짓말을 할까?

특정 인물을 가리키려 하는 경우를 제외하고는 실제 인물 사진을 이용하지 말아야 한다.
실제 인물 사진을 보여주면 청중의 머릿속에 너무 많은 생각이 떠오르므로 우리나 우리 메시지에 대한 집중력이 흐트러질 수 있다. 또한 청중이 알고 있는 얼굴이나 특징을 개인적으로 연관시키다 보면 메시지에 대해 생각할 수 없게 된다.

대중적인 인물 사진을 이용하지 말아야 한다.
광고나 웹사이트에 있는 대중적인 사진은 즉각적으로 원하는 반응을 야기한다. 하지만 프레젠테이션에서는 그렇지 않다. 왜 그럴까? 사진 속의 인물이 무대 위에 있는 실제 인물과 경쟁하기 때문이다. **전달하고자 하는 감정이 있다면 직접 전달하는 방법을 찾아라.**

단순한 **그래픽**은 아주 좋다.

조금만 연습하면 우리가 원하는 바를 그대로 표현할 수 있으며, 다양한 유형의 그림을 간편하게
활용할 수 있다.

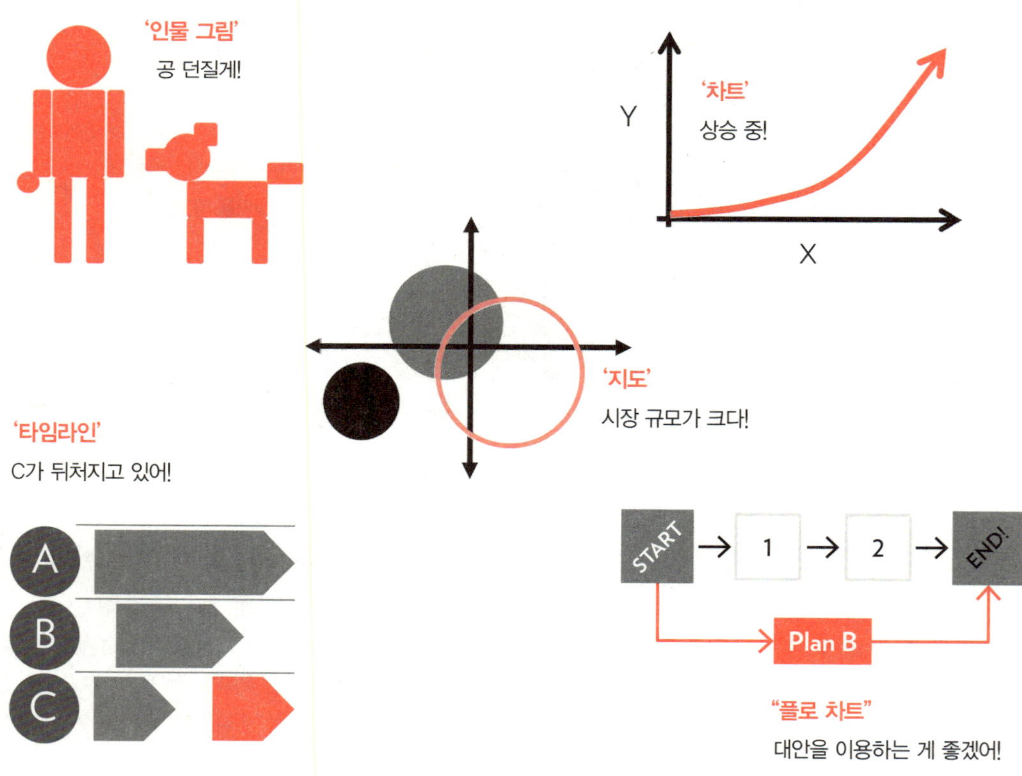

단순한 그래픽으로 프레젠테이션에 필요한 모든 그림을 만들 수 있다.

조그만 연습하면 가장 간단한 그리기 도구를 이용하여 마음을 사로잡는 그래픽을 만들 수 있다. 특히 손으로 그림 그리는 데 자신이 없는 사람에게 유용하다.

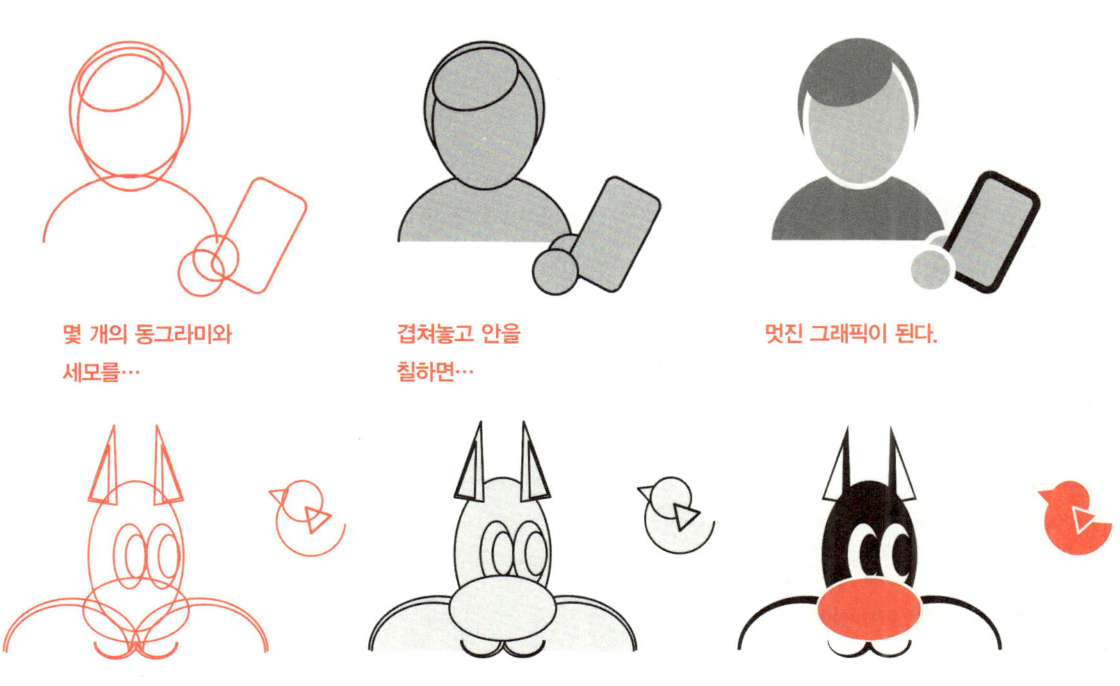

실제로 '실베스터 프로젝트'에 사용한 모든 그림은 마이크로소프트 파워포인트(Microsoft PowerPoint) 프로그램에서 만들었다.

하지만 **손 그림**이 가장 좋다.
손으로 그림을 그리는 방법은 다음과 같다.

모든 그림은 5가지 단순한 모양에서 시작된다.

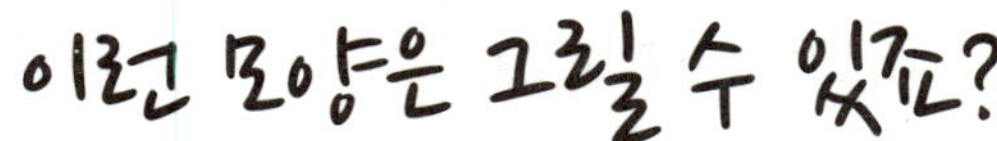

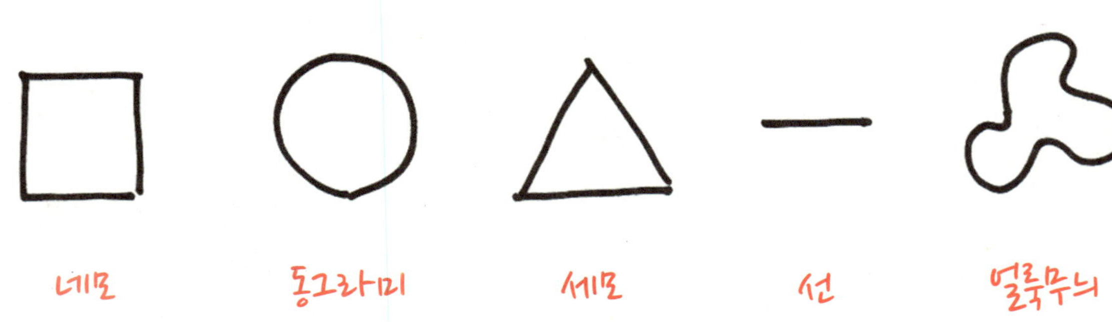

이런 모양을 합치면 거의 무엇이든 그릴 수 있다.

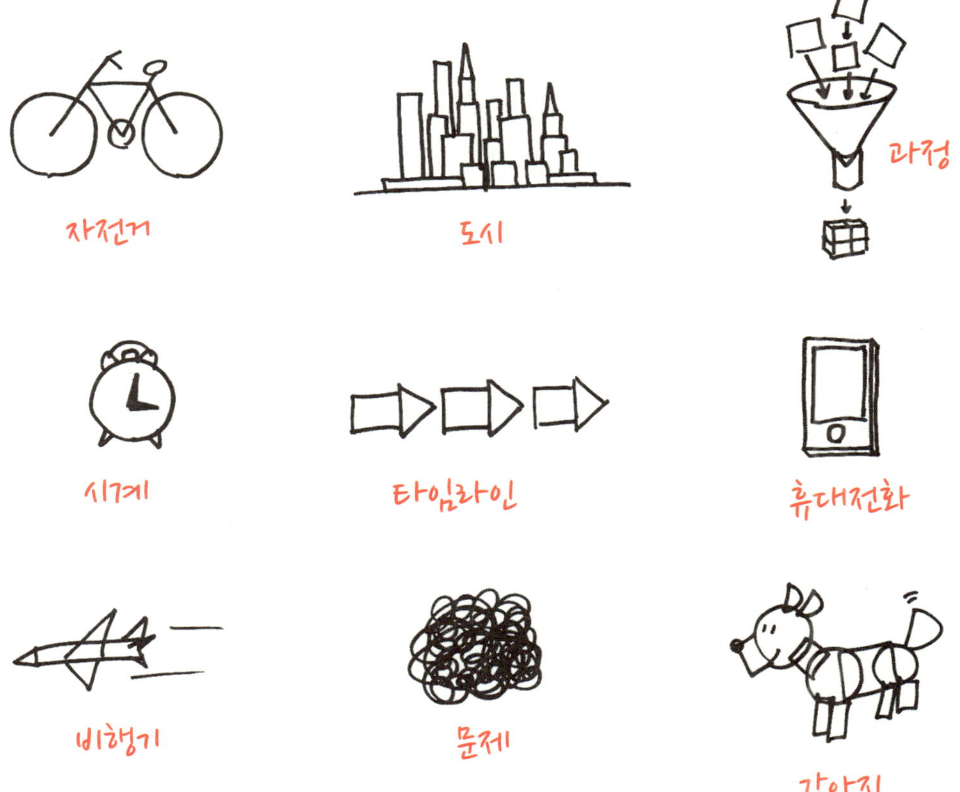

'의료' 관련 권유 프레젠테이션에서 사용한 모든 그림은 이런 방식으로 탄생했다.

그렇다면 사람 그리기는?

사람 그리기가 얼마나 쉬운지 알면 깜짝 놀랄 것이다.

요령은 단순함을 잃지 않는 것이다. 기본 선과 모양만 이용하면 된다.

스틱 피겨 = <u>감정</u>

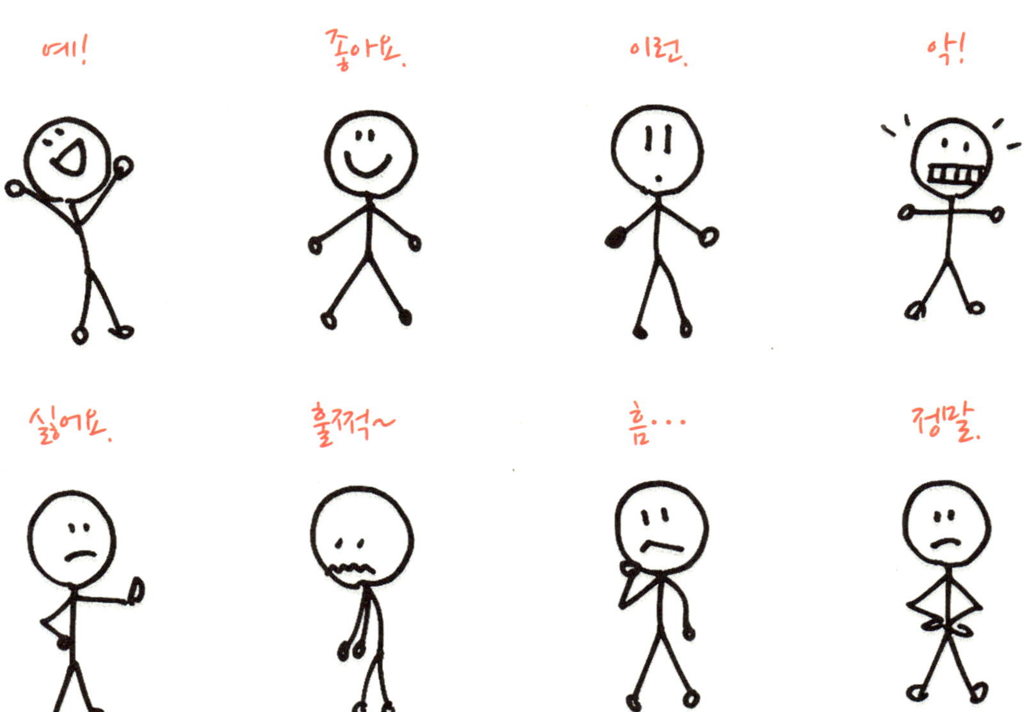

단순한 스틱 피겨는 감정을 표현하기에 좋다. 그냥 머리와 몸통을 그린 다음 팔다리를 그려 넣으면 된다. 마지막으로 눈과 입을 그리면 완성된다.

블록 피겨 = <u>움직임</u>

블록 피겨는 움직임을 표현하기에 좋다. 네모로 몸통을 그리고 동그라미로 머리를 그린 다음 선을 그려 팔다리를 표현하면 된다. 연습하면 움직임을 잘 표현할 수 있다.

블롭 피겨 = 관계

작은 '블롭' 피겨는 개개인보다 그룹 내 관계가 더 중요한 이미지에 적합하다.

프레젠테이션에 그림을 추가하는 데에는 2가지 방법이 있다.

1. 종이에 스케치하여 스캔한다.
신속하게 그림을 이용하여 이야기를 전할 때 펜과 종이만
큼 유용한 도구도 없다. 아이디어를 스케치한 후에 한두 차
례 사진을 찍은 뒤 자신에게 이메일을 보내면 된다. 그럼 프
레젠테이션용 그림이 순식간에 완성된다.

2. 바로 화면에 그림을 그린다.
태블릿이나 펜을 이용할 수 있는 노트북으로 프레젠테이션
에 사용할 멋진 손 그림을 완성할 수 있다. 그냥 그리고 저
장한 다음 삽입하기만 하면 된다.

아주 간단한 기교를 이용해도 좋다. 먼저 그림 대부분을 그려놓은 뒤 프레젠테이션 중에 마지막 **요소를 첨가**하면 관객이 프레젠테이션에 눈을 떼지 못한다.

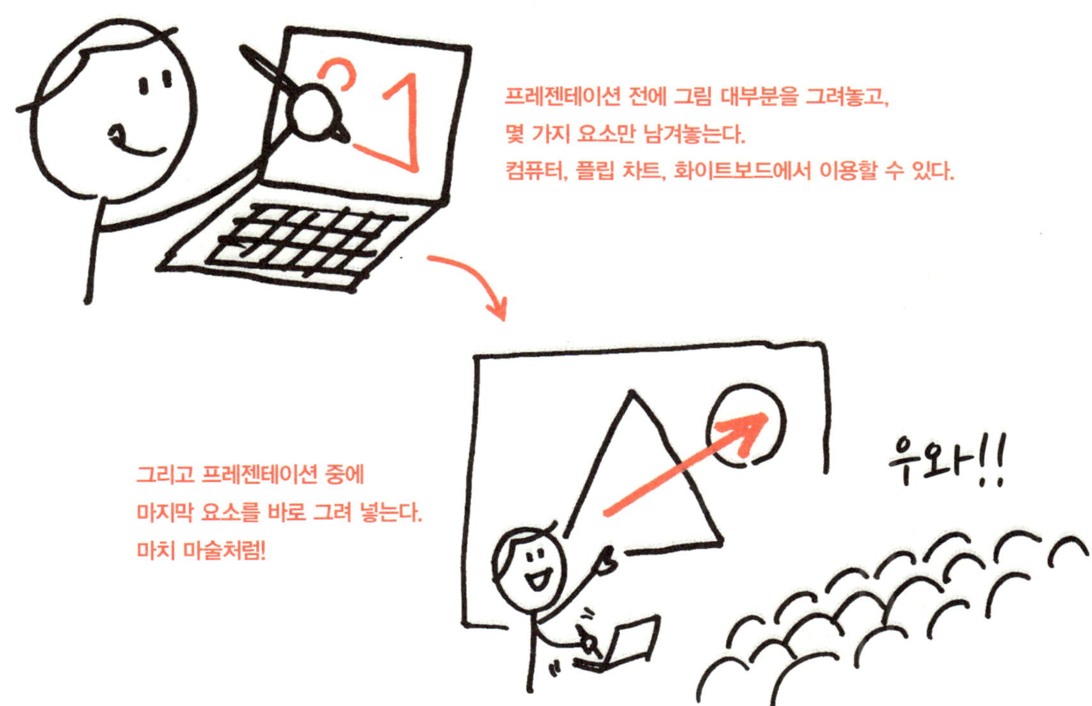

거의 다 그린 그림에 마지막 요소를 첨가하여 보여주면 청중은 마치 발표자가 그 자리에서 모든 그림을 그렸다고 생각하는 놀라운 상황이 벌어진다. 연습해서 이 기교를 잘 이용하면 관객의 마음을 사로잡을 수 있다.

그리기에 대한 빠른 Q&A

Q : 그림을 못 그리는데 어떻게 하죠?

A : 당신은 그림을 그릴 수 있다. 명심하라. 눈에 보이는 세상을 그리는 것이 아니라 내 마음속에 있는 내용을 그리는 것이다. 그냥 단순한 도형만 그려도 충분한 경우가 많다.

Q : 해봤는데 그림이 엉망이면 어떻게 해요?

A : 괜찮다. 말을 할 때에도 처음에는 말이 안 될 때가 있지 않은가? 하지만 곧 말이 자연스러워지듯이 그림도 그렇게 될 것이다.

Q : 정말로 그림을 못 그리는걸요? 심각해요.

A : 이런 경우 몇 가지 좋은 옵션이 있다. (1) 그림을 그릴 수 있는 친구와 나란히 앉아서 내 생각을 이야기해 준다. (2) 온라인에서 단순한 이미지를 찾아서 사용 허가를 받는다. (3) 기본 프레젠테이션이나 워드 프로그램에 있는 단순한 모양을 사용한다. (4) 스프레드시트 프로그램으로 단순한 차트를 만든다.

Q : 그림을 그리는 데 어떻게 기술을 이용해야 하나요?

A : 펜과 종이보다 강력한 도구는 없지만, 오늘날에는 하드웨어와 소프트웨어가 빠르게 발전하고 있다. 지금 이 내용도 1주일 후면 오래된 내용이 될 수도 있다. 기억해야 할 점은 컴퓨터가 그리는 것이 아니라 우리가 그린다는 사실이다. 컴퓨터는 그림이 산만해지는 것을 막아줄 뿐이다.

그림을 다룰 때 명심해야 할 점!

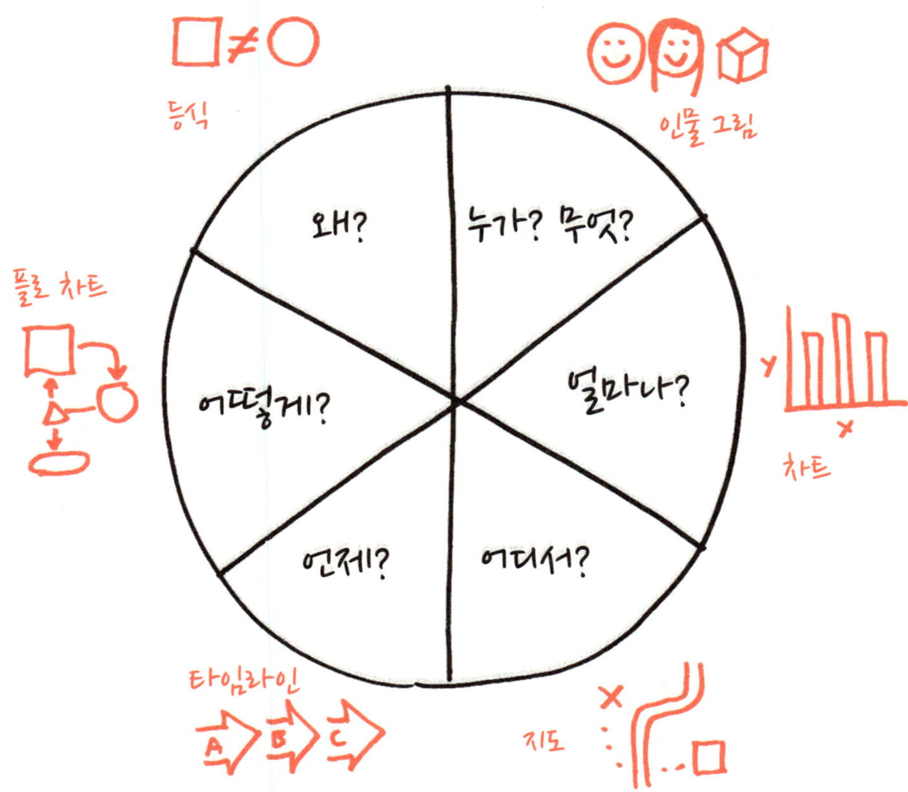

스스로에게 물어라. "이 슬라이드를 통해 전하고자 하는 내용이 무엇인가?" 그러고 나서 적절한 그림을 구하거나 빌리거나 만들어라.

그림에 대한 생각 정리

이상적인 그림은 명료한 문장만큼 단순하다. 우리의 눈에 들어와 이야기를 전달한다. 그러면서도 그림 자체에 너무 많은 이목을 집중시키지는 않는다.

그림을 잘 활용하려면 너무 많은 세부적인 묘사나 다채로운 색상, 음영, 3D 효과가 가미된 그림은 피해야 한다. 이러한 그림은 그림을 통해 전하고자 하는 아이디어보다 그림 자체에 사람들의 관심을 집중시키기 때문이다.

이상적인 그림은 아이디어의 핵심을 바로 눈에 보여주는 그림이다.

걱정을 이기는 법

대부분의 사람들에게 프레젠테이션은 치과 치료와 같다

좋아하지 않는다고 계속 프레젠테이션을 피할 수는 없다.

지금부터 프레젠테이션 발표 단계로 넘어가면서 프레젠테이션이

어려운 최고의 이유에 대해 다루고자 한다.

바로 **두려움**이다.

일반적으로 사람들은 대중 앞에서 말하는 것을 두려워한다.

전적으로 공감할 수 있는 내용이다. 동시에 **해결할 수 있는 문제**이기도 하다.

대중 앞에서 말하는 것은 즐거운 일이다

개인적인 성공이나 직장에서의 성공에 있어서 대중 앞에서 말하는 것만큼 중요한 것도 없다.
하지만 우리는 대개 이를 두려워한다.

우리가 가장 잘해야 하는 일이 우리가 두려워하는 일인 셈이다.

그러니 성공이 어려울 수밖에.

다행히 우리는 타고난 발표자다.

우리는 태어날 때부터 아이디어를 청중에게 전달하는 법을 알고 있다. 그리고 분명 이를 잘한 적도 있다.

성장하면서 발표를 좋아하는 사람도, 싫어하는 사람도 있다.

좋든 싫든 해야만 한다.

시간이 지나 상황이 변하더라도 여전히 해야 한다.

좋든 싫든 해야만 한다.

무대 공포증이 있든 없든 희망은 있다.

이름 :	 **걱정 많은 자**	 **떠는 자**	 **걱정 없는 자**
증상 :	프레젠테이션을 하라는 말을 들으면 걱정되기 시작한다.	무대에 오르면 긴장된다.	대중 앞에서 이야기하는 것을 전혀 걱정하지 않는다.
빈도 :	일반적이다.	매우 흔하다.	거의 찾아보기 어렵다.
관련 사항 :	대부분의 사람에게 나타나며, 계획을 통해 해결할 수 있다. 걱정이 계속 커진다면 전문가의 도움을 받아보는 것도 좋다.	긴장으로 인한 생리적 현상이 발생한다. 연습을 하면 자신감이 생기므로 이러한 증상을 완화할 수 있다. 또한 시간을 투자하면 피할 수도 있다.	무대를 오히려 좋아한다. 하지만 단점도 있다. 너무 자만심이 넘치면 예기치 못한 상황에 대비할 수 없다. 대중 앞에서 이야기할 때에는 돌발 상황이 발생하기 마련이므로 주의해야 한다.
최고의 단기 해결책 :	계획을 하면 마음을 다잡고 효과적으로 필요한 조치를 취할 수 있다. 그럼 장기적으로 걱정을 완화할 수 있다.	연습하면 무대에서의 공포가 완화된다. 자신감이 생기고 아이디어에 대한 확신이 생기기 때문이다. 장기적으로 연습을 통해 프레젠테이션 프로가 될 수 있다.	행운에 감사하라. 물론 사실일 수도 거짓일 수도 있다. 어떤 경우이건 간에 연습해야 한다.

두려움이 무엇인지 알고 두려움을 쫓아내야 한다.

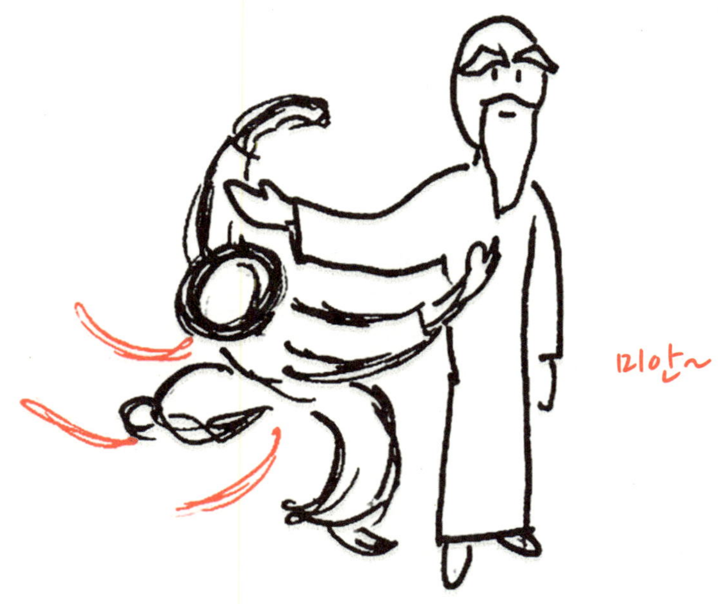

염려는 필요하다. 염려를 통해 예기치 않은 상황에 대비할 수 있기 때문이다. 이해관계가 깊을 때 잘 해야 한다는 사실을 상기시켜 준다. 단 감각을 통제하지 못한 탓에 염려가 두려움으로 커지면 문제가 발생한다. 두려움이 우리를 삼켜 버릴 수 있기 때문이다.

따라서 숨기기보다는 염려를 표출하고, 염려가 우리에게 어떻게 도움이 될 수 있는지 이해하고, 나머지는 쫓아내는 것이 좋다.

두려움이 진짜더라도 무조건 나쁜 것만은 아니다.

마음속 깊은 곳에서는
이렇게 말한다.
"나를 판단하려는 많은 사람
앞에서 이야기를 해야 해.
잘해야지 아니면…."

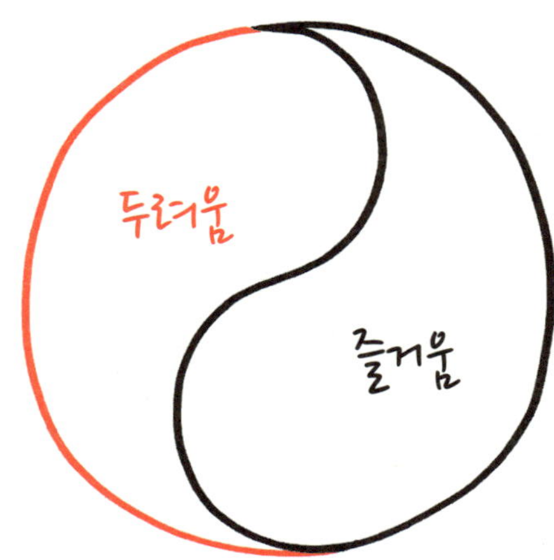

마음은 우리가 위험한 일을
하려 하므로 잘 준비해야
한다고 알려 준다.
이를 부드러운 알림으로
받아들이고 준비하면 위험을
즐기는 법을 배울 수 있다.

두려움의 뒷면에 **즐거움**이 있기 때문이다.

과 닿는 순간 걱정이 사라진다.

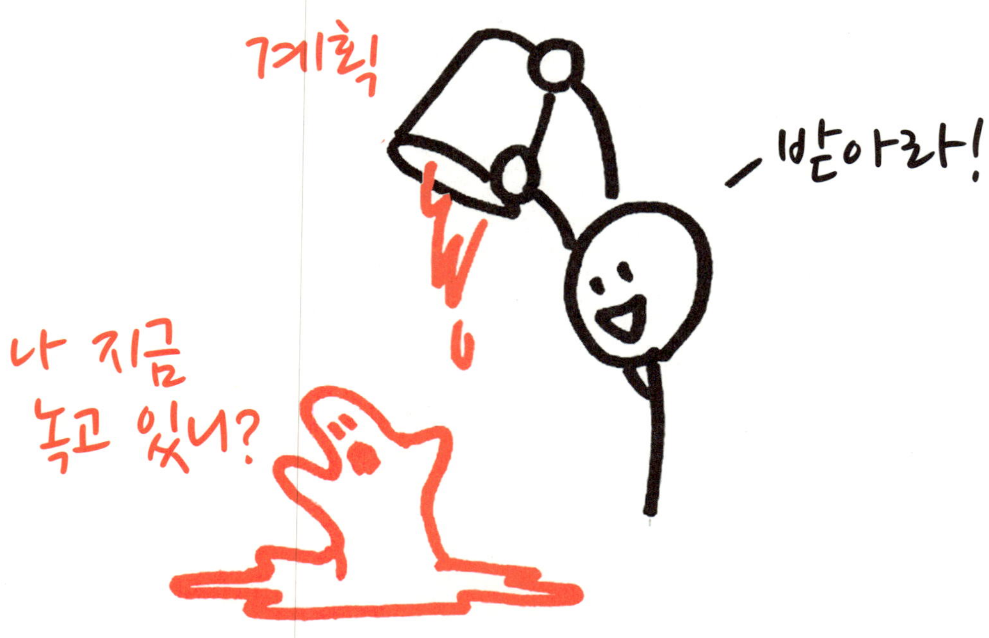

물론 **계획**이 염려의 심리적인 원인을 제거하지는 못한다. 하지만 계획은 염려를 의미 있는 행동으로
대체하여 우리가 앞으로 나아갈 수 있도록 돕는다.

다음 5가지 단계를 따르면 프레젠테이션 전 두려움을 극복하는 데 도움이 된다.

1. 프레젠테이션 과제를 받는다. 양동이를 채우기 시작한다.
2. 스토리라인을 선택하고 거기에 맞는 PUMA를 사용하여 구성한다.
3. PUMA를 다듬고 그림을 첨가한다.
4. 플러그아웃을 실시한다(다음 페이지 참조).
5. 플러그아웃을 반복한다. 이번에는 앞에 관중이 있을 뿐 변한 것은 없다.

혹시 알고 있는가? 방금 멋진 프레젠테이션을 마쳤다.

이제 왜 이 양동이를 채웠는지 이해되는가?

연습하면 두려움이 사라져.

연습을 통해 준비한 내용을 제대로 이해하고 나면 자신감이 생긴다.
연습은 어떻게? **플러그아웃**으로!

‘플러그아웃’이란 NASA에서 로켓 발사 전에 실시하는 최종 테스트를 말한다. 이 테스트를 통해 “우리가 우주에서 이걸 할 수 있을까?”라는 궁금증이 생기면 땅 위에서 그 일을 “할 수 있다.”라는 사실을 증명한다. 우리도 무대에서 이 같은 테스트를 하면 된다.

해서는 안 되는 일

우리는 회의실 맨 뒤에 앉아서 마우스를 클릭하여 슬라이드를 넘기면서 “여기에선 기술에 대해서 이야기하고, 여기에서는 또 다른 거에 대해서 이야기해야지”라고 말하는 것이 아니다. 실제 프레젠테이션 중에는 그렇게 말하지 않으므로 연습할 때에도 그런 식으로 대충 해서는 안 된다. 프레젠테이션에는 지름길이 없으므로 플러그아웃 테스트가 효과적이다.

플러그아웃 테스트를 제대로 하면, 처음에는 정말 싫다는 생각이 들 것이다. 실제로 이야기할 때보다 더 어렵기 때문이다. 하지만 그렇기 때문에 더욱 해야 하며 그것도 두 번은 해야 한다. 두 번째에는 어느 정도 긴장이 풀려 안정을 찾고 청중에게 프레젠테이션이 어떻게 보일지, 어떻게 들릴지 생각할 수 있기 때문이다.

무대에 다가가는 동안 이제까지의 과정을 뒤돌아보자.

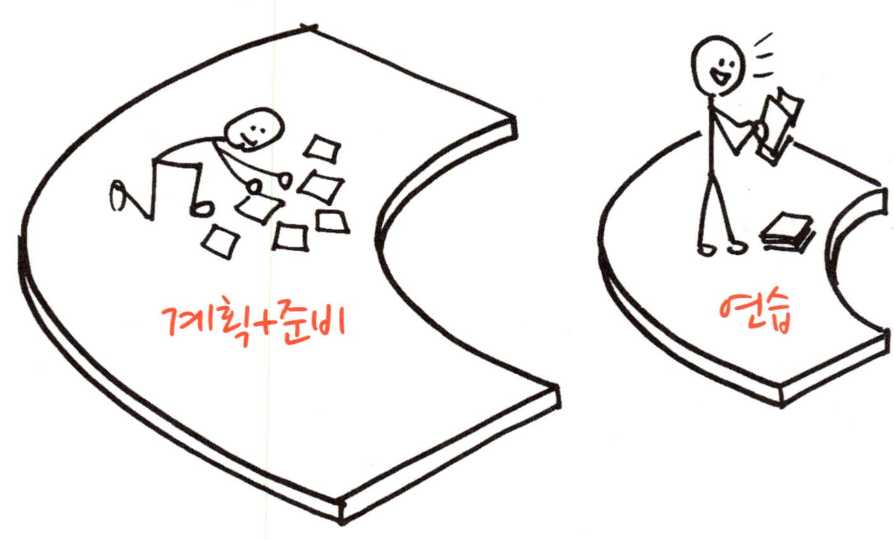

계획하고 준비 과정을 거쳤다.

진실, 이야기, 그림에 그렇게 집중한 이유가
무엇인가? 이를 제대로 하면 모든 것이
순조롭게 진행될 것이기 때문이다.

연습도 마쳤다.

연습을 제대로 했다면 발표를 쉽게 할 수
있을 것이다.
따라서 무슨 말을 할지, 어떻게 보일지
걱정하지 말고 청중과의 교감에 집중하라.

이제 준비되었다.

즐겁든 떨리든 혹은 두려운 마음으로 프레젠테이션을 기다리든 프레젠테이션 날은 오게 마련이다.
우리는 무대에 서야 하고, 청중이 우리 앞에 있고, **프레젠테이션**은 시작해야 한다.
그런데 알고 있는가? 자신의 아이디어를 믿고 자신감을 가지면 무대에서의 시간을 즐길 수 있고,
그럼 청중을 더 효과적으로 변화시킬 수 있다는 사실을.
이것이 바로 프레젠테이션의 핵심이다.

앞에서 청중석 보기

처음에 갑자기 모든 눈이 나를 향하고 있다는 사실을 알게 되었을 때에는 충격에 빠질 수 있다.
최종 프레젠테이션 때 정신을 차리는 데 도움이 되는 몇 가지 팁이 있다.

엔진을 예열하라!

프레젠테이션 당일 아침에 샤워기를 첫 청중으로 삼아라. 욕실만큼 발표 내용을 되새기고 정리하기
좋은 장소는 없다. 그리고 장소로 이동하는 동안 본인을 청중에게 소개하며 엔진을 계속해서
예열하라. 이 과정에서 간단한 일화를 얻을 수도 있다.

기다리는 시간이 가장 어려울 수 있다. 청중석에 앉아 있으면 다른 발표자의 이야기를 들으며 자신의
프레젠테이션 때 활용할 만한 내용을 찾을 수 있다. 반면 무대 뒤에 있게 되면 함께 이야기할 사람을
찾는 것이 좋다. 큰 행사에서는 행사 매니저와 이야기를 나누면 재미있는 이야기를 들을 수 있다.
무대에 오르기 전에 자신에게만 들릴 만큼 인사말을 한 번 더 되뇌어 보고, 엔진이 가동되고 있다는
사실을 떠올리자.

울퉁불퉁한 부분을 갈아낸다.

프레젠테이션에서 가장 중요한 것은 처음 2분이다. 그 2분 동안 청중은 우리가 누구인지, 어떤 자세로 이야기를 들을지 판단한다. 이는 처음 우리를 선보이는 런웨이와도 같다.

우리는 처음 2분간에 실수를 유발할 수 있는 모든 요인을 차단해야 한다. 이러한 요인은 플러그아웃 테스트를 통해 파악할 수 있다. 우리는 항상 특별한 오프닝을 준비하거나 이야기로 프레젠테이션을 시작하고자 한다. 시작을 잘하면 편안한 마음으로 프레젠테이션을 이어갈 수 있다.

그리고 **절대**로 **걱정된다고 사과하지 마라.** 청중은 우리가 긴장했는지도 모르는데 굳이 이야기할 이유가 있는가? 말해 봤자 오히려 청중까지 걱정하게 된다. 따라서 이보다는 편하게 이야기하며 긴장을 풀 수 있는 이야기를 준비하는 것이 훨씬 좋다. 이때 우리 자신도 웃을 수 있고, 청중도 웃게 할 수 있는 이야기여야 한다.

누가 말하는 게 어렵다고 했는가?

무대 위에서는 시간의 속도가 다르게 느껴지므로 천천히 말하는 것이 중요하다. 발표자가 자연스럽다고 생각하는 속도도 청중에게는 매우 빠르게 느껴질 수 있다. 따라서 여유를 가져야만 한다. 그렇다고 시간이 많으니 말을 많이 하라는 뜻은 아니니 주의하자. 적게 말하되 천천히 하라는 것이다. 또한 천천히 심호흡을 하면 긴장을 푸는 데 도움이 되며 훨씬 자연스럽게 보일 수 있다.

자신만의 스윙을 찾아라.

재미있는 사람이 있는가 하면 진지한 사람도 있다.
성급한 사람이 있는가 하면 조용한 사람도 있다.
'무대' 위에서의 자아에 더 솔직할수록 더 훌륭한
프레젠테이션을 할 수 있다. 하지만 무대에 처음 섰
을 때에는 무대 위에서의 자아가 어떤지 알 수 없다.
그래서 처음에는 일단 하나의 속도와 스타일을 선택
한 뒤 어떤지 봐야 한다. 그렇게 몇 번 해보고 나면
자신에게 맞는 게 어떤 건지 알 수 있다.

몇몇의 친구를 찾아라.

발표자가 발표장에 있는 모든 청중에게 이야기하는
것은 아니다. 익숙한 얼굴 몇몇을 찾아서 그 사람들
을 보며 이야기한다. 한 세 번쯤 같은 사람과 눈을
맞추면 미소를 보내거나 고개를 끄덕일 것이다. 그럼
더 자신감을 갖고 프레젠테이션을 계속할 수 있다.

마지막으로 소소한 마술을 준비했다는 사실을 잊지 마라.

궁금해하는 것은 인간의 본성이므로 청중은 프레젠테이션을 통해 어떤 방법을 배우고 싶어한다. 이를 위해 프레젠테이션 발표자가 이용하는 트릭은 가능한 한 자주 청중이 무언가를 발견할 수 있는 시간을 마련하는 것이다. 말하는 속도를 다양하게 조절하고, 시각적인 자료를 사용하고, 방해 요인을 제거하고, 혼란을 줄이고, 스토리라인을 놓치지 않으면 프레젠테이션이 마법처럼 느껴지게 할 수 있다.

CHAPTER 6

선물

어느 프레젠테이션에서나 청중은 자신의 인생 일부를
우리에게 투자한다.

그들에게 멋진 쇼를 보여줘야 한다.

결국 프레젠테이션은 아주 간단하다. 누군가의 머릿속 생각을 다른 사람의 머릿속으로 신속하면서도
명확하게 전달하는 동시에 신뢰를 잃지 않는 것이다.

우리 자신에게 줄 수 있는 최고의 선물은 보여주고 말하는 법을 배우는 것이다.

우리가 다른 사람에게 줄 수 있는 최고의 선물은 마음을 사로잡는 프레젠테이션을 선사하는 것이다.

아이디어를 즐겨라.

스스로 즐겨라.

청중을 즐겁게 해라.

정말 재밌을 것이다.

감사의 말

이 책을 단순하게 구성하기는 정말 어려웠다. 나를 도와준 이들에게는 더욱 더 어려웠을 것이다. 이들의 아낌없는 지원, 통찰력, 인내, 사랑에 어떻게 감사해야 할지 모르겠다. 그래도 시도는 해봐야겠지?

이사벨 살바도리 : 여섯 번이나 원고를 처음부터 끝까지 봐주고, 볼 때마다 조언을 아끼지 않아서 고마워요.
내게 해준 말! "한 절반으로 줄이면 좋을 것 같아요."

테드 웨인스타인 : 제안, 협상, 계약, 협상, 아웃라인을 모두 도와줘서 고마워요.
내게 해준 말! "숨 좀 쉬세요."

댄 토마스 : 이른 아침 전화를 걸어 내가 다시 생각할 수 있게 해줘서 고마워요.
내게 해준 말! "혹시 이런 건 생각해 봤어요?"

짐 에드워드 : 제목, 권유, 장애물과 관련하여 제시해 준 내용 고마워요.
내게 해 준 말! "그냥 'Show and Tell'이라고 해요. 뭘 그렇게 어렵게 생각해요?"

리사 솔로몬 : 항상 격려해 줘서 고마워요.
내게 해준 말! "귀가 많이 간지러웠겠어요."

재비어 팬 : 끊임없이 기술적 직감을 지원해 줘서 고마워요.
내게 해준 말! "저는 할 수 없어요. 저는 엔지니어거든요."

에밀리 엔젤 : 모든 걸 다 하나로 합쳐줘서 고마워요.
내게 해준 말! "힘들긴 했지만 마감일 지켰어요."

에릭 아이스룬트 : 내 친구가 되어줘서 고맙고, 부리토 정말 잘 먹었어.
내게 해준 말! "점심 먹자~."

다니엘 라긴 : 예쁘게 만들어줘서 고마워요.

내게 해준 말! "네. 제가 손으로 쓴 글씨체라고 할 수 있어요."

애드리안 잭하임 : 현실로 만들어줘서 고마워요.

내게 해준 말! "내 제안서 어디 있어요?"

톰 닐슨과 레스 터크 : 끊임없이 나를 무대에 올려줘서 고마워요.

내게 해준 말! "목요일에 시카고로 가줄 수 있죠?"

고 아이 얏 : 혼자서 지구의 동쪽 반을 맡아줘서 고마워요.

내게 해준 말! "스카이프(Skype) 메신저에 접속했죠?"

팀 웨스트 : 이런 내용을 가르칠 수 있다는 사실을 증명해 줘서 고마워요.

내게 해준 말! "방법은 이렇습니다."

줄리 스미스 데이빗과 트레이시 서덜랜드 : 전혀 몰랐던 세상, 사물을 눈으로 보듯 생각해 내는 사람들의 새로운 세계
를 소개해 줘서 고마워요.

내게 해준 말! "회계사들 정말 재밌지 않아요?"

개리 로암 : 보여주며 말하는 것이 일생일대에 위대한 직업이라는 사실을 알려줘서 고마워요.
물론 비행 다음으로 말이죠.

내게 해준 말! "항공우주공항에서 말하는 쿠우반 8 다시 경험해 볼래요?"

낸시 벡맨 : 챙겨줘서 고마워요.

내게 해준 말! "고장 난 가스 검침기에 기대지 마세요."

냅킨 아카데미 관계자 여러분 모두! 함께 해주셔서 감사합니다.
우리가 해냈습니다!

더 읽을거리

스토리라인 관련 :

조세프 캠벨 〈천의 얼굴을 가진 영웅〉, 피터 거버 〈리를 위한 말하기〉

프랭크 런츠 〈먹히는 말: 단숨에 꽂히는 언어의 기술〉, 조나 삭스 〈스토리 전쟁〉

크리스토퍼 보글러 〈신화, 영웅 그리고 시나리오 쓰기〉, 커트 보네거트 〈나라 없는 사람〉

하고 싶은 말을 전하는 프레젠테이션 관련 :

카라 헤일 알터 〈신뢰 코드〉, 낸시 두아르떼 〈슬라이드 올로지〉, 〈Resonate, 공감으로 소통하라〉

카마인 갈로 〈스티브 잡스의 프레젠테이션 비결〉, 〈테드같이 말하라〉

가르 레이놀즈 〈프레젠테이션 젠〉

그림과 시각 자료 만들기 관련 :

수니 브라운 〈두들 레벌루션〉, 앨리샤 다이앤 듀란트 〈디스커버리 두들스〉

에드 엠벌리 〈내가 만드는 세상〉, 데이비드켈리&톰켈리 〈창의적 자신감〉

오스틴 클레온 〈훔쳐라, 아티스트처럼〉

염려 떨치기 관련 :

수잔 케인 〈콰이어트: 시끄러운 세상에서 조용히 세상을 움직이는 힘〉

미하이 칙센트미하이 〈몰입, 미치도록 행복한 나를 만나다〉

대니엘 카너먼 〈각에 관한 생각〉, 다니엘 핑크 〈새로운 미래가 온다〉

도움이 되는 동영상 :

테드 토크 : 한스 로슬링(YouTube : 2007년 1월 16일)

테드 토크 : 질 볼트 테일러(YouTube : 2008년 3월 13일)

커트 보네거트, 스토리라인 만들기(YouTube : 2010년 10월 30일)